烟台市博物馆
YANTAI MUNICIPAL MUSEUM

烟台市博物馆 编

# 烟台市博物馆文物精品集

王述全 主编

文物出版社

图书在版编目（CIP）数据

烟台市博物馆文物精品集 / 烟台市博物馆编 ；
王述全主编 -- 北京 ：文物出版社，2023.4
ISBN 978-7-5010-7877-6

Ⅰ.①烟 ... Ⅱ.①烟 ... ②王 ... Ⅲ.①博物馆－历史
文物－烟台－图集 Ⅳ.① K872.523.2

中国版本图书馆 CIP 数据核字（2022）第 220303 号

-------------------------------------------------

# 烟台市博物馆文物精品集

编　　著 / 烟台市博物馆
主　　编 / 王述全

封面设计 / 张忠诚　孙纬陶
责任印制 / 张道奇
责任编辑 / 许海意

出版发行 / 文物出版社
社　　址 / 北京市东城区东直门内北小街 2 号楼
邮　　编 / 100007
网　　址 / http://www.wenwu.com
经　　销 / 新华书店
制　　作 / 北京昆仑文保科技有限公司
印　　刷 / 北京华联印刷有限公司
开　　本 / 635mm × 965 mm　1/8
印　　张 / 58.5
版　　次 / 2023 年 4 月第 1 版
印　　次 / 2023 年 4 月第 1 次印刷
书　　号 / ISBN 978-7-5010-7877-6
定　　价 / 680.00 元

-------------------------------------------------

# 《烟台市博物馆文物精品集》编委会

# 序言

　　烟台作为齐鲁之邦的沿海城市，有悠久的历史、丰富的文化遗存、深厚的历史文化底蕴，又是近代史上最早的开埠城市之一，得益于此，其社会经济相对发达，人文交流相对开放。勤劳智慧的先民在这块土地上创造了灿烂辉煌的历史文化，为今天的烟台留下了丰厚的文化遗产。

　　烟台市博物馆成立于 1958 年，是中华人民共和国较早成立的博物馆之一。博物馆自成立以来，一直以保护历史文物、弘扬民族优秀传统文化为己任，承担着文物征集、收藏、研究、展陈等重要工作，是烟台市文物收藏、研究、展览中心。经几代博物馆人的不懈努力，烟台市博物馆紧跟历史步伐，不断发展壮大。现馆藏三级以上珍贵文物 1.1 万余件 / 套，数量与质量均居全省前列。2017 年，烟台市博物馆成功迈入全国一级博物馆行列。烟台市博物馆器物藏品丰富、品类齐全。馆藏文物涉及 30 余个门类，6.9 万余件 / 套，包括书画、瓷器、青铜器、玉石器、竹木牙角器、珐琅、漆器等，多为烟台地区出土和传世文物，各个门类皆有精品，具有极高的历史研究价值和艺术价值。如本地出土的齐中簋、己侯壶、髸侯鼎、己华父鼎等西周、春秋时期带有铭文的青铜器，是研究我国东方古国地望及其历史的可靠资料；秦权是研究秦统一度量衡的重要实物资料，都具有极高的历史研究价值。瓷器藏品自汉至清，历代皆有精品，囊括历代各个窑口，品类丰富。宋之定窑、宋之景德镇窑、宋元之钧窑、龙泉窑，皆有代表作品馆藏。传世稀少的元青花玉壶春瓶、永乐青花梅瓶和永乐青花扁壶，更是其中的珍品。另，乾隆雕蟠龙御题诗玉瓶、雕花翠烟壶、金胎画珐琅杯，亦为珍稀品种。其他如牙角雕、竹木雕等明清雕刻艺术品，异彩纷呈，各有特色。

　　烟台市博物馆书画类藏品以明清书画文物最精。其中包括明清时期大家名宿之精品力作，也有本埠名流乡贤的墨迹遗存。胶东为齐鲁富庶之地，经济的发展带动了文化的繁荣。民间收藏丰富，为博物馆提供了高质量的艺术藏品。明代绘画珍品诸如林良、朱端、蒋嵩、沈周、文徵明、唐寅等名家名作，清代诸如八大、髡残、王石谷、高岑、吴宏、金农、郑板桥、黄慎、高凤翰、任颐、吴昌硕等人的优秀作品，均有收藏。藏品包罗了明代院派、浙派、吴门画派、清初四王、四僧、金陵画派、扬州画派、海派等各时期的艺术派别，展现了各自的艺术风采。书法方面亦名家云集，异彩纷呈，如明代祝允明、文彭、张瑞图、邢侗、倪元璐等代表书家作品。明末清初有王铎、傅山等书家力作。清代查士标、郑板桥、刘墉、王文治、翁方纲、吴熙载、何绍基、赵之谦等大家墨迹，不胜枚举。地方书画家支撑着地区文脉，是反映本地区艺术发展和艺术活动的重要实物资料和研究线索，也是书画藏品的重要组成部分。胶东地区人杰地灵，艺术底蕴丰厚，其中不乏崔子忠、姜隐、刘重庆、翟云升、王懿荣、丁佛言等海内名家。近现代名家书画作品博物馆也有丰富的收藏，齐白石、傅抱石、李可染、潘天寿、李苦禅、许麟庐等一大批老一辈书画大家的墨宝也数量可观。本馆丰富、精彩的书画藏品备受海内著名专家学者的关注。张伯驹先生看过博物馆藏画后留言："烟台地区博物馆收藏书画丰富，昔久闻有天下第一金冬心佛像轴，但不知所在，今乃于此见之。其他书画亦皆真精之迹，老年获此眼福，诚幸事也。"刘海粟先生参观后，欣然题写"美在斯"三字，并题"八大、林（良）、金（农）称三绝"，对馆藏珍品都给予高度评价和赞誉。

　　此套书籍撷取馆藏精品器物百余件，包括瓷器、铜器、玉器、竹木牙角雕刻及其它杂项等门类，西周至清代各时期均有收录。从馆藏大量书画作品中遴选出精品书画百余件，以明清书画为主体。由于篇幅有限，本次难以尽收所藏精品，编者以历史研究性、珍稀性、艺术性、观赏性为综合标准，精中选优，编辑成此籍，展示烟台市博物馆收藏、研究成果，为广大文物爱好者、收藏者提供研究和鉴赏的资料。同时，感谢各级领导和社会各界朋友们对烟台市博物馆事业的关心和支持。

烟台市博物馆馆长　　夏元森

2022 年 6 月

器
物
编

# 目　录

## 瓷器

## 铜器

## 玉器

# 杂项

瓷器

# 晋青釉网纹双系盘口壶

尺寸：高 17.3、口径 9.9、
底径 8.4、腹围 58.2 厘米

此壶盘口，外饰弦纹二道，短颈，丰肩，肩部模印网格纹一周，堆贴对称衔环兽面一对，间以对称桥形双系，平底微内凹。胎质略粗，器身施青釉，釉不及底，釉色泛黄，露胎处呈火石红色。

三国两晋时期瓷器上装饰网纹较流行。此器古拙自然，是西晋青瓷标准器，具有很高的历史及学术价值。

（许盟刚）

# 隋青釉四系莲花罐

尺寸：高 24.8、口径 12.4、
底径 11.1、腹围 69.5 厘米

　　此罐直口微侈，斜肩，鼓腹，平底。肩部饰四个对称桥形系。两系之间刻划一个半身人形图像，人物面部器官清楚可辨。系以下有两周凸弦纹，腹部堆塑仰莲瓣一周。造型厚重粗犷。胎质细腻，呈灰白色，胎上施有化妆土，器身施釉不到底，釉面温润，釉色玻璃质感强，有流釉、积釉现象。

（许盟刚）

# 北宋越窑青釉带托执壶

尺寸：高 19、口径 4.5 厘米

　　执壶又称"注子""注壶"，是隋代出现的一种酒具，唐、五代、两宋时期流行。此壶小直口，高颈，口上扣塔式盖，盖有宝珠钮。广肩，圆腹，矮圈足，一侧长流微曲，另一侧曲柄扁宽，曲柄高过口部与壶盖紧贴，其上有三道弦纹。壶托圈足，壶底及托底各有六个支烧痕。壶内外通体施青釉，壶盖内涩胎，钻两小孔。作品整体风格稳重而秀雅，壶身厚重圆润，流口及壶柄细秀美观，釉色青绿，端庄大方。

（董艺）

# 宋定窑白釉瓜棱罐

尺寸：高 7.8、口径 9.6、
底径 5.3、腹围 39 厘米

　　定窑为宋代五大名窑之一。定窑遗址位于河北曲阳，因宋代曲阳县属定州，故以"定窑"命名。北宋苏轼《试院煎茶诗》、明曹昭《格古要论》、清朱琰《陶说》等文献，均对定窑有所记载。

　　此罐侈口，短颈，溜肩，鼓腹，外腹呈瓜棱状，圈足微外撇。器身施釉不到底，釉面干净、细腻，釉色莹润。器形精巧柔和，雅素大方，堪称宋代定窑佳品。

（许盟刚）

# 宋景德镇窑影青釉划花葵口渣斗

尺寸：口径 15.2、足径 7.7、
腹围 44.5、高 14.9 厘米

渣斗在晋代开始使用。宋代许多窑场都烧制渣斗，元人笔记载"宋季大族设席，几案间必用筋瓶、渣斗"，即指此物。

影青釉是人们对宋代景德镇烧制的具有独特风格的瓷器的名称。由于它的釉色介于青白之间，青中带白、白中闪青，加之瓷胎极薄，所刻划的花纹迎光照之内外皆可映见，因此被称为"影青釉"。

该渣斗葵口外撇，高颈，瓜棱鼓腹，圈足外撇。器身饰划花卉纹，通体施青釉。釉色白中闪淡青色，莹润精细，有玉之美感。

（曲菲）

# 元钧窑天青釉玫瑰紫斑碗

尺寸：高9、口径21.7、底径6.9厘米

　　此碗直口微敛，斜腹内收，圈足，底部有鸡心状乳突，足墙斜削。施天青釉，有冰裂纹及鬃眼。碗外壁施釉不到底，有垂釉现象。内壁有一大一小两块玫瑰紫窑变。胎质白中透黄，釉色明快、润泽，有厚重感。

　　这件钧窑碗原系烟台历史名人张颜山收藏。张颜山（1862～1941年），字忠桂，号继广，祖籍山东烟台养马岛张家庄。因一战时期成为德国狮马牌颜料在中国的独家代理，一跃成为牟平首富。张颜山热心公益，曾资助建立牟平恤养院，还为烟台张裕公司投资，帮助其扩充酒厂。张颜山有一定的鉴赏眼光，家中收藏颇丰，此碗为其生前的心爱之物。1958年烟台市博物馆成立时入馆收藏。

（王晓妮）

# 元龙泉窑青釉公道杯

尺寸：通高 9.5、杯托口径 16.2、底径 4、
杯体口径 7.8、底径 2.5 厘米

　　此公道杯撇口，底圈足，杯中央塑一袒胸老者，称作"公道佬"。杯托呈葵口，浅腹，小圈足，托内塑一鸡笼式杯座。胎体厚重，露胎处泛火石红。釉色青翠，釉质莹润，有玉质感。杯与杯托的外腹部均刻划菊瓣纹，杯座凸印缠枝莲纹。公道佬体内有一"U"形管，管下端通杯底小口。据说古时人们曾用公道杯对付贪酒者，斟酒如超过高度，则会全部漏光。

（王晓妮）

# 元青花缠枝莲纹玉壶春瓶

尺寸：高 29.5、口径 7.9、
足径 9.1、腹围 48.5 厘米

　　此瓶敞口，细长颈，溜肩，鼓腹，下腹下垂，圈
足外撇，露胎处有火石红。釉色白中闪青，釉质润泽
透亮，青花发色较浓暗，有结晶斑点。通体饰青花图
案五组，腹部主体纹饰为缠枝莲纹，颈上部绘蕉叶纹，颈
下部绘覆莲纹，腹下部饰仰莲瓣纹，各层花纹之间以
卷草纹分界，瓶口内沿绘花叶纹，圈足绘卷草纹。花
纹匀称丰满，线条自然流畅，釉色润泽，造型俊秀，是
我国早期青花瓷的精品。

　　玉壶春瓶又叫玉壶春壶，是宋瓷中具有时代特征
的一种典型器物，流行地区广，沿用时间长，宋以后
历代各地窑场均有烧制。它的造型是由唐代寺院里的
净水瓶演变而来。基本形制为撇口、细颈、垂腹、圈足。造
型独特之处是：颈较细，颈部中央微微收束，颈部向
下逐渐加宽过渡为杏圆状下垂腹，曲线变化圆缓；圈
足相对较大，或内敛或外撇。玉壶春瓶定型于宋代，历
经宋、元、明、清、民国直至现代，成为中国瓷器造
型中的一种典型器物。

（王晓妮）

# 明永乐青花缠枝莲纹梅瓶

尺寸：高 25、口径 4.6、底径 10.1 厘米

青花瓷器从元代烧制成熟后，自明永乐开始，又出现了一个新高峰。这一时期的青花瓷器，以胎质细腻洁白、釉层晶莹肥厚、青花发色浓艳、造型种类多样和纹饰精美而享誉盛名。

梅瓶唇口，短颈，丰肩，收腹。纹饰主要为缠枝莲，间以蓼花，肩部绘蔓草，底边以朵莲一周为边饰。青花用"苏麻离青"料，绚丽鲜艳，富有层次感，浓重处凝聚成结晶斑点。胎质细腻，细砂底有光滑温润之感，胎薄体轻，曲线优美，构成了永乐青花瓷器的特色。

永乐青花的烧制与郑和下西洋有密切的联系。郑和下西洋带回的"苏麻离青"料含锰量低，在适当火候下能呈现宝石蓝的色泽，是极为优质的瓷绘原料。又因为其含铁量较高，往往在色浓处出现黝黑斑点，是永宣青花发色迥别于其他朝代的标志性元素。

梅瓶是一种小口、短颈、丰肩、收腹、圈足的瓶式，以口小只能插梅枝而得名。因瓶体修长，宋时称为经瓶，作盛酒用器，造型挺秀、俏丽，明朝以后被称为梅瓶。梅瓶最早出现于唐代，宋辽时期较为流行，并且出现了许多新品种。宋元时期各地瓷窑均有烧制，以元代景德镇青花梅瓶最为精湛。明代梅瓶口部圆浑厚实，没有明显的线角转折；肩部向上抬起，线条饱满而有力；腹部之下呈垂直状，有的微向里收；在足部的结束部分，稍向外撇。

（董艺）

# 明永乐青花什锦纹扁壶

尺寸：高 24.3、口径 3、足径 7.5、最大腹径 19.7 厘米

该壶蒜头形口，扁圆腹，有横的接胎痕，喇叭形砂底，蒜头口至肩以绶带形耳相连，腹两侧各饰乳突。胎质细腻，釉色白中闪青。青花为饰，蒜头口绘"天地交泰"纹，腹部满饰什锦纹，其腹心为六角星形开光，内绘缠枝牡丹，向外逐层变化出八边形、六边形以及磬形的花格，以谐"八荒""六合"及"普天同庆"之寓意。花格内绘有海水纹、方胜纹、团花、折枝花等吉祥图案，构成立体纹样。通体花纹组合严谨，构图饱满，青花釉色滋润浓艳，是明代早期青花瓷中的精品。

（王晓妮）

# 明德化窑双兽首耳炉

尺寸：高 8、口径 11.7、
足径 10、腹围 42 厘米

炉造型仿商周青铜器簋的式样，口沿略外侈，短束颈，溜肩，鼓腹，胫部外撇，圈足。颈肩部贴塑对称铺首式狮首耳一对。狮首圆目阔鼻，两耳后扬，鬃毛卷曲围成一圈，威风凛凛，怒不可遏，造型逼真、立体感强。底部圈足内压印"大明宣德年制"六字三行篆书款。

狮耳炉俗称狮头炉。据史料记载，狮耳炉为宣德年间御赐兵部尚书及大都督等军职要员之器。以其意蕴，狮为百兽之首，取其威仪以率六军之统。

德化窑位于福建德化县。宋、元时已烧制青、白瓷。明代达到高峰，是当时著名民窑之一。以烧白瓷著称，胎、釉浑然一体，光润如白玉，被称为"象牙白""猪油白""中国白"等，为当时中国白瓷的代表作品。

（许盟刚）

# 明嘉靖青花云鹤捧寿纹罐

尺寸：高 8、口径 6.6、底径 9.9、腹围 38.2 厘米

此罐直口、短颈、溜肩、鼓腹。内外通体施釉，底部双栏圈内青花楷书"大明嘉靖年制"六字两行款。参照台北故宫馆藏相同器物，知此罐器盖缺失。口沿下部对称有四处开光，开光内楷书"寿"字，间以变体云纹装饰。腹部画云鹤八只，两两呼应。据文献记载，此时期的青花瓷使用进口"回青"料描绘，色调翠蓝浓艳，微泛紫红，具有鲜明的时代特征。

嘉靖皇帝信奉道教，因此嘉靖朝官窑瓷器上出现大量有关长生不老的题材，如灵芝、八卦、璎珞、八仙、云鹤等。传说鹤跟随神仙和道人云游，具有仙风道骨之气，被称为"一品鸟"，地位仅次于凤凰。器物上装饰云鹤纹，有祈盼福寿之意。

（许盟刚）

# 明万历五彩群仙祝寿图大盘

尺寸：高 4.8、口径 29.4、底径 20 厘米

大盘造型规整，釉质肥厚，绘画丰富，色彩古雅。盘心塌底。底款为"大明万历年制"六字楷书青花款，加双蓝圈。是一件珍贵的万历官窑五彩八仙祝寿图大盘。

此盘青花颜色偏紫，发色深沉，是进口的"回青"料所绘，红彩沉静、古艳，绿彩干净色偏冷，总体色彩感觉古朴丰厚，沉郁典雅，无清代明媚娇艳之气。线条潇洒大方，曲线流畅，直线硬朗，无刻意雕琢之气，人物形象稚朴，五官用细笔点出，稚拙有情趣。头发等黑色用紫彩代替。画面描写八仙为南极仙翁祝寿的场面，仙翁高坐于石台之上，以青花绘画，主体突出。群仙拱手环立，其中两人用青花绘出，与寿星色彩呼应。周围环境以奇石古松，灵芝仙草烘托，有仙境之意。主题纹饰外围一圈卷草花卉纹，庄重古雅，间有青花寿字纹，点明主题。盘外壁绘有折枝花卉，自然朴质，无华贵气息。

五彩起始于明代，嘉靖、万历时期较为盛行，是一种青花和釉上彩结合的工艺，与斗彩不同，没有青花轮廓，青花是五彩的一个色彩组成部分。基本颜色为红、黄、兰、绿、紫五种色彩。清代康熙时期有所发展，后来由于粉彩的兴起而走向衰落。

（张忠诚）

# 明万历青花百寿纹葫芦瓶

尺寸：高 61.5、口径 8、
底径 20.3、腹围 98 厘米

　　葫芦瓶形制规整，小口，直颈，上下腹圆润丰硕，近底处微收，平底无釉。通体以青花装饰，自上而下分为四部分，口沿至上腹部绘团寿纹、如意云团寿纹，开光内绘各式变体寿字，束腰处绘缠枝花卉纹，花卉处理成变体寿字。下腹有四个大寿字，四周配以缠枝变体寿字纹，寿字中心开光绘南极仙翁，额头隆起，盘膝而坐，手持如意，背靠苍松，神态安逸祥和。近底部绘仰莲纹。寿文化是我国传统文化之一，历来有"五福寿为先"之说。寿文化从宫廷到民间，都是极其推崇的。全器满绘寿字，寓意百寿延年，青花发色浓艳，为明代晚期典型祝寿用器。

（许盟刚）

# 明龙泉窑青釉
# 八卦纹三兽足洗

尺寸：高 11.8、口径 29.8、
底径 11.9 厘米

　　洗敞口，口沿内敛，浅弧腹渐收，下承三个
外撇的兽面足，腹底圈足不触地。通体施青釉，釉
面有较大的开片，釉色匀净沉润，釉水肥厚润泽。内
心和外底均不施釉，露胎处呈火石红色。胎体厚
重，胎质坚实，造型平稳。口沿下部浅刻水波纹
一周，腹部模印八卦纹，兽面足雕刻工艺精湛，双
目圆瞪，神态生动，古朴典雅。

　　此洗为明代龙泉窑产品。龙泉窑是中国陶瓷
史上的一个名窑，因其主要产地在浙江省龙泉县
而得名。龙泉青瓷以釉色青碧、釉层厚润见长。龙
泉窑创烧于北宋，鼎盛于南宋中后期，至明末清
初停烧。龙泉窑上装饰八卦纹，最早始于元代，象
征天、地、雷、风、水、火、山、泽八种自然现象，后
被引申为吉祥之意。这件龙泉窑青釉八卦纹笔洗
古朴而雅致，是一件明代文房佳品。

（许盟刚）

# 明崇祯青花人物故事图花觚

尺寸：高 38.2、口径 20.6、
底径 16、腹围 37.5 厘米

此觚喇叭形口，修长腹，中部束腰，口径略大于底径，平底无釉。胎质洁白细腻。釉色白中泛青，釉质肥润。青花色泽淡雅明快，富有晕染效果。瓷质花觚系仿古代青铜器造型，是一种陈设用瓷，流行于明清两代。青花图案从上至下分为三部分，间以暗刻花卉纹饰。第一层人物故事为主体，辅以花草、树木、山石、祥云等，人物生动传神，衣纹流畅飘逸。第二层为缠枝花卉装饰，花卉为变体如意头纹。第三层绘倒垂蕉叶纹以作装饰。

崇祯时期青花瓷器装饰多见贴近世俗生活的人物故事题材，有戏曲人物、吉祥图案等，明显带有明末版画的风格，并较多文人气息，从而形成了特殊的装饰效果，一直延续到清初。耿宝昌《明清瓷器鉴定》说："这一造型的花觚为崇祯时新创的器型，影响至清初，于顺治、康熙时最为流行。"此花觚胎质细密，绘画精到，人物形神俱备，堪称精品。

（许盟刚）

# 明崇祯青花人物故事图象腿瓶

尺寸：高 43.7、口径 12.5、底径 13.3 厘米

　　此瓶敞口，束颈，溜肩，直筒形腹，平底。通体纹饰以青花绘就，青花发色亮丽明艳，色阶浓淡变化丰富，有分水的效果。肩部和下方有暗刻花纹装饰。主题绘画为一文人身跨毛驴，一手持如意，一手执竹签，神情儒雅，童子背负书卷随其后。一老者高冠长髯，舒衣广袖，怀抱签筒，小童肩搭葫芦侧立。画面描绘儒者、道者路边偶遇，求签问卜，论经说道的场景，主体人物生动鲜活，准确表达出各自精神风貌，画面极具生活气息。

　　明末瓷器人物画多以当时木刻版画、小说插图为蓝本，故事情节丰富，人物身形修长，线条流畅，景物搭配自然和谐。图中配景芭蕉玉立，阔叶舒展；奇石高耸，灵秀峻拔；围栏曲折，草色茵茵，艳阳高照，白云如带。青花绘画题材和画风具有明末清初典型的时代风格，为崇祯青花瓷精品。

（张忠诚）

# 清顺治青花三彩
# 人物故事一统瓶

尺寸：高 45.4、口径 12.9、
底径 12.7、腹围 48 厘米

　　该瓶敞口，口施酱釉，束颈，溜肩，长直筒形腹，平底。一统瓶因造型粗壮亦称"象腿瓶"，清初非常流行，因"筒"与"统"谐音，有象征"大清一统"的寓意。素三彩瓷器以黄、绿、紫三种低温色料作主要装饰，入窑经 800~900℃ 低温二次烧成，因不使用红彩，画面显得典雅素净。

　　民国初年，许之衡《饮流斋说瓷》描述道："紫、黄、绿三色绘成花纹者谓之素三彩……西人嗜此，声价极高，一瓶之值，辄及万金。以怪兽最为奇特，人物次之，若花鸟，价亦不赀也。同一年代，而三彩之品视他彩乃腾踊百倍。"可见素三彩器颇受当时欧洲人的青睐，身价颇高。

（许盟刚）

# 清顺治青花花鸟图筒瓶

尺寸：高 21.4、口径 4.6、
底径 6.9、腹围 23.7 厘米

瓶撇口，口沿施酱釉，束颈，筒形腹，腹近底处微收，平底略内凹。胎体厚重、造型沉稳，比例协调。器身釉面温润，青花发色蓝中带灰。瓶颈绘几枝兰花，瓶身绘洞石、老树枯枝、竹子，一鸟立于枝头，一鸟展翅飞翔，动静结合、意趣横生。画面构图疏朗、笔法流畅、线条有力、画意高古，颇有明代晚期水墨花鸟画的意境。

（许盟刚）

# 清康熙洒蓝釉笔筒

尺寸：高 15.3、口径 18.2、底径 18.2 厘米

    笔筒器形规整，端庄大方。胎体坚质而细腻。内壁施白釉，釉面匀净亮白而肥润，外壁施洒蓝釉，素雅亮丽。

    洒蓝，因浅蓝地子上有水迹般的深蓝色斑，犹如洒落的水滴，故称"洒蓝"。洒蓝釉创烧于明代宣德年间的景德镇，之后停烧，到了清代康熙时期才又恢复生产。康熙时期洒蓝釉的制作较明代有所提高，呈色稳定，做工精细，很多辅以金彩装饰，标志着洒蓝釉品种的成熟。由于烧造工艺复杂，成功率比较低，因此洒蓝釉瓷器在当时也是比较珍稀的一个品种。清代的洒蓝釉瓷器以康熙时期为最佳，其施釉工艺是在烧成的白釉瓷胎上，用竹管蘸以钴为发色剂吹施。《陶冶图说》载："截径过寸竹筒，长七寸，口蒙细纱，蘸釉吹。吹之数遍，视坯之大小与釉之等类而定。多则十七八遍，少则三四遍。"《南窑笔记》称洒蓝为"吹青"。民间依据蓝釉表面形貌，又有"鱼子蓝"之说。

（许盟刚）

# 清康熙青花五彩妇婴嬉戏图罐

尺寸：高 31.1、口径 15、
底径 18、腹围 81.5 厘米

　　该罐直口，圆唇，丰肩，收腹，平底无釉。胎质洁白、细密、坚硬，釉面肥润而略显青色，青花发色上等。通体以青花五彩装饰，腹部主题纹饰为一组庭院妇婴嬉戏图，山石栏杆，蕉叶树木，祥云缭绕，仕女面露喜悦，儿童嬉戏甚欢，画面景象祥和。人物绘画细腻，神态各异。人物的勾线、设色，以及山石树木的布局和勾画皴染等，具有典型的清代早期的风格。此罐为康熙早期民窑精品。

（许盟刚）

# 清康熙青花十八学士图高颈荸荠瓶

尺寸：高 35.4、口径 9.1、底径 13.4、腹围 64 厘米

　　荸荠瓶是清代流行的一种瓶式。康熙朝首创，多为直颈，扁腹。此瓶敞口，长直颈较粗，器腹扁圆，形如荸荠、大圈足。造型端庄，制作规整，釉面亮润，青花发色艳丽明快。腹部主题图案为《十八学士图》，人物形象清秀潇洒，神态各具特色，线条流畅生动，具有很高的艺术欣赏价值。

　　唐代李世民当秦王时，在宫城西开办文学馆，网罗文士贤才，杜如晦、房玄龄、陆德明等十八人，分为三班，每天六人值班，讨论文献，商略古今，称为"十八学士"。

（许盟刚）

# 清康熙青花山水人物图笔筒

尺寸：高 14.7、口径 18.1、底径 18 厘米

　　笔筒口底相若，直壁，中腰微束，玉璧形底，底外圈施白釉，里圈砂底，中心内凹呈脐状、有釉，楷书"大明成化年制"六字双行寄托款。胎体厚重，胎质洁白细腻，造型优美。外壁以青花通景绘携琴访友图。画面构图疏朗有致，山水景物立体感很强，起伏跌宕，画法精细，分色层次鲜明，浓淡相宜，远山近岸，山峦的阴阳反侧，树木的疏落茂密，描绘得出神入化，有一种真实的纵深感。山石采用分水皴技法，苍劲而有气势。山间道路迂回，丛树夹岸。人物置于山水之中，形神兼备，闲适安逸，悠然自得，饶有情致，给人以幽静雅致之感。人物笔法飘逸自如，颇具水墨韵色，立体感强又颇有意境。整个画面景物写实，艺术感染力极强，具有康熙时期山水人物画法的典型特征。康熙时期青花绘画可分出深浅浓淡多层色阶，非常精美，素有《青花五彩》之美誉。

（许盟刚）

# 清康熙五彩龙凤纹盘

尺寸：高 4、口径 25.1、足径 16.2 厘米

　　此盘敞口，圆壁下收为平底，圈足较大，矮壁内收，足内画双蓝圈，书"大清康熙年制"六字两行楷书款。内外壁皆绘青花五彩龙凤花卉纹。

　　五彩与青花合绘在明代较为盛行，以釉下青花代替蓝彩，清康熙时期出现了釉上蓝彩和黑彩，完善了釉上五彩。但康熙时期部分五彩瓷器延续了明代的传统，仍以青花和五彩合绘。由于康熙青花采用了珠明料，色泽亮丽明快，层次丰富，其效果与明代五彩又有很大的区别。此盘内外绘龙凤花卉图案，内壁分盘底和盘壁两处绘画，以青花双线间隔，各画双龙双凤。盘底龙凤向内心聚合，盘壁龙凤则旋转追逐，龙盘曲雄健，仪态威猛，凤羽翅飞展，婀娜秀美，其间穿插各色牡丹，花朵丰硕，呈双骑绽放。龙凤穿枝拂叶，游于花间，富有动感。龙凤和花叶都有部分青花绘画，龙凤主体部分青花发色浓艳醒目，叶子部分淡雅明净，青花浓淡层次丰富，色彩清透亮丽。此盘胎质细糯，釉面白润，绘画线条细秀流畅，形象生动，设色丰富，五彩缤纷，清秀典雅。所绘题材龙凤呈祥，花开富贵，又增添了一层吉祥富丽的色彩。

（张忠诚）

# 清康熙青花开光八仙图花觚

尺寸：高 43.9、口径 23.5、底径 14.6、腹围 59.5 厘米

　　此觚广口，长颈，鼓腹，下腹束收，底部外撇，器形端庄挺拔，线条
劲秀圆润。自上而下以青花描绘，颈部和腹部各有四开光，开光内各绘一
个八仙人物，造型生动鲜活，线条准确流畅。以锦纹填地，工艺严谨。口沿、
肩部和圈足沿各绘一周席纹，颈肩连接处绘一周云纹。圈足内绘双栏圈。
器形美观，纹饰繁密，绘画生动，青花发色亮丽明快，具有较高的艺术价值。

（王晓妮）

# 清雍正青花淡描牡丹蝴蝶图盘

尺寸：高 4.5、口径 20.8、底径 13.3 厘米

　　此盘敞口，弧腹，平底，大圈足。造型规整，胎薄体轻，胎质细腻，通体施白釉，釉色纯净洁白。盘心绘高低错落的两块洞石，简竹隐身其后，两枝盛开的牡丹，枝繁叶茂，绰约多姿，引两只蝴蝶嬉戏花头，动静相宜。外壁图案对称分成两组，绘竹石、菊花和牡丹，蝴蝶翩翩起舞于其间。底绘青花双栏圈，书"大清雍正年制"六字两行楷书款。图案用笔细腻纤巧，布局疏朗有致，青花发色淡雅宜人，釉面莹润，为一件精品佳作。

（许盟刚）

# 清雍正天蓝釉暗刻花花觚

尺寸：高 22.7、口径 12.2、底径 8.9、腹围 36 厘米

花觚盘口，粗长颈如喇叭状，鼓形腰，胫部外撇，浅圈足。造型清秀圆劲、端庄大方，通体施天蓝釉，腹部饰模印缠枝花卉纹饰，上下搭配阴刻蕉叶纹。外底施釉，署青花"大清雍正年制"六字三行楷书款。

瓷制花觚始见于元代，明清时多有烧制。除景德镇烧制外，尚有龙泉窑、德化窑等地制品。主要品种有青花、五彩、颜色釉等，多为陈设用品。天蓝釉是清康熙时期创烧的釉色新品种，因颜色似晴朗天空中的蓝色而得名。这件花觚釉色清淡、匀净，釉质莹润、致密，十分雅致。

（许盟刚）

# 清雍正仿哥釉尊

尺寸：高30、口径14.4、底径13、腹围64.4厘米

　　造型简洁，敦实中见俊秀，口沿外侈，三瓣花式口，束颈，溜肩，腹向下渐收，器身呈瓜棱形，圈足内刻"大清雍正年制"六字三行篆书款。口、底施酱釉，瓶里外及足内厚施乳白釉，釉面自然开片，颇显哥窑气韵。釉色沉厚细腻，光泽莹润，如同凝脂。开片"铁线"与"金丝"交织成趣，错落有致。此尊呈现御窑技艺的极致之余，亦颇具文人儒雅气息。

（许盟刚）

# 清雍正斗彩荷花水鸟图盘

尺寸：高 9、口径 22、底径 7.5 厘米

此盘敞口，浅平腹，大圈足。盘心与外壁均用斗彩技法绘荷塘鸳鸯纹饰。底部双栏圈内落青花画押款。瓷器装饰中的鸳鸯皆成双成对，且多与莲池相配，故称鸳鸯戏莲纹、鸳鸯卧莲纹、莲池鸳鸯纹等。宋代定窑、磁州窑等窑烧造的器物上就已开始采用鸳鸯纹。明清两代广泛流行，多见于青花瓷、斗彩瓷、五彩瓷等瓷器上。

盘以斗彩绘荷塘鸳鸯图，静谧的荷塘，田田的荷叶，丰茂的水草，盛开的莲花，微漾的漪波，鸳鸯相随畅游，嬉戏水面，悠然而自得，一派宁静祥和之景。荷花出污泥而不染，濯清涟而不妖，代表清廉。鸳鸯代表夫妻恩爱，寓意家庭和睦。其设色淡雅，疏朗清新，甜而不腻，静而不躁，为雍正朝斗彩之典雅作品。

（许盟刚）

# 清乾隆青花折枝瓜果纹六方长颈瓶

尺寸：高 67、口径 18、足径 19.5、腹围 111.5 厘米

　　瓶为六方造型，敞口，长直颈，溜肩，鼓腹，腹下内收，高足外撇。六方瓶肇始于雍正朝，流行于乾隆前期。此瓶造型周正，器形恢宏雄伟，系乾隆青花大器。釉质肥厚润泽，青花色泽青翠。器身六道棱线之上分别绘饰西洋巴洛克式卷草纹，上下呼应，与具有中国传统特色的回纹、如意头纹、"卍"字纹完美地结合，使得每个棱面形成上小下大的两个开光，开光内绘各式折枝花果纹。瑞果花卉配合六角造型构图，并运用卷草角花纹呼应，显得和谐统一。佛手、石榴、寿桃寓以"福禄寿"三多之意。诸种祥花瑞果，穷秀极妍，雍荣华贵。圈足底书"大清乾隆年制"六字三行篆书款。整器釉质肥厚润泽，青花苍翠欲滴，绘画工艺精湛，以点染法仿永宣进口苏麻离青之浓艳效果。

（许盟刚）

# 清乾隆豆青仿石釉塑蟠螭细颈瓶

尺寸：高 39.7、口径 4.9、底径 12.7、腹围 67.5 厘米

　　该瓶直口，细长颈，鼓腹，卧足，颈肩部塑一蟠螭，作翘首状，造型生动活泼。通体施豆青釉，釉面仿石斑，惟妙惟肖。圈足内以青花书"大清乾隆年制"六字三行篆书款。整件作品釉色淡雅，色彩亮丽，反映了乾隆时期瓷器工艺上的极高成就。

（李芳芳）

# 清乾隆铜彩点蓝兽面纹象鼻耳尊

尺寸：高 45.5、口径 21、足径 21、腹围 109 厘米

　　此尊盘口，短颈，溜肩，鼓腹，高圈足，肩部两侧双象鼻耳，器身铜彩点蓝，兽面纹描金，古朴装重，端庄大气。器形、纹饰仿青铜器，地纹密集，施墨彩，其间点蓝釉，釉面自然流淌，主题纹饰描金，蓝、黑、金彩交融，富于变化，底部刻"大清乾隆年制"六字三行篆书款。具有乾隆时期的典型特征。

（李芳芳）

# 清乾隆青花百子图将军罐

尺寸：通高 43.1、口径 12.8、底径 19、腹围 83.1 厘米

　　将军罐因罐身形似古代将军的盔帽而得名。罐身直口，丰肩，鼓腹下收，底足外撇，附平钮出沿高圆盖。作品纹饰以活泼俏皮的表现手法再现了初春时节孩童们在庭院内进行游戏活动的景象。瓷器上的婴戏题材反映出以文人士大夫为代表的上流阶层追求自然天真的高雅趣味。此罐青花发色沉着明快，绘画工整，构图繁而不乱，有清新明朗之感，生动活泼，情趣盎然。

（李芳芳）

# 清乾隆粉青刻暗花
# 双耳公主冠瓶

尺寸：高 39.5、口径 6.5、底径 15 厘米

乾隆粉青釉刻暗花双耳公主冠瓶，青釉的青色与碧玉相若，稳重高雅，符合中国传统审美情趣。乾隆青釉为单色釉中产品较多的一类，工艺上沿袭康熙、雍正的制作，有粉青、冬青和豆青之分。此粉青釉络子纹公主冠瓶，釉色莹润，雕工精细。口沿饰回纹和如意头纹，颈部饰络子纹，肩部饰回纹和覆莲纹，腹部饰团花纹和络纹，颈部两侧各饰一夔凤耳。造型及纹饰浑似元代蒙古公主、后妃、贵妇等上层妇女所戴的罟罟冠，因而得名。清乾隆时期，别出心裁的新异器形种类非常丰富，工匠们极力追求工艺精细和大胆创新，此器便为乾隆朝创新瓷器精品之一。

（李芳芳）

# 清乾隆青花釉里
# 红缠枝莲纹双兽首耳尊

尺寸：高 31.3、口径 12.4、
足径 12.6、腹围 69.2 厘米

　　此尊直颈略外撇，鼓腹，高圈足。通体
由青花绘卷草纹、水波纹、勾连回纹进行分
隔，形成颈部和腹部两大主体纹饰。颈部青
花绘制叶，釉里红绘宝相花，另穿插釉里红
卍字符与蝙蝠图案。腹部绘青花釉里红缠枝
莲纹，莲头依宝相花形制绘制，另穿插蝙蝠
和暗八仙图案，整体寓意富贵吉祥。肩部装
饰有一对兽吞双环耳。青花釉里红起源于元
代，到清代乾隆时期达到成熟时期。此件尊
正是乾隆时期的青花釉里红精品。

（曲菲）

# 清乾隆炉钧釉双耳灯笼瓶

尺寸：高 22.8、口径 7.8、
足径 8.1、腹围 44.9 厘米

　　该瓶小撇口，圆唇，直颈，圆肩微折，筒腹略鼓，圈足，上腹部两侧各塑一瓶形耳。通体施炉钧釉，圈足内心有"大清乾隆年制"模印篆书款。

　　炉钧釉是仿钧窑紫红斑所作的低温颜色釉。有"素炉钧釉"与"浑炉钧釉"两种。素炉钧釉面呈蓝绿相间的麻点纹，在素坯上底喷翡翠（以氧化铜着色的粉彩颜料），面喷广翠（以氧化钴着色的粉彩颜料）。浑炉钧釉面呈红绿相间的麻点纹（红釉以胶体金着色），800℃左右烧成。以清雍正、乾隆时期景德镇制品最精。

　　灯笼瓶，顾名思义，因为形似灯笼而得名。灯笼瓶是雍正时期景德镇官窑创烧，流行于清雍正、乾隆时期。

（王晓妮）

# 清乾隆斗彩暗八仙纹折腰碗

尺寸：高 5.2、口径 20、足径 10.7 厘米

　　此碗敞口，弧腹，腰部内收，故称折腰碗，下承圈足。外壁饰斗彩缠枝花卉纹，近足处装饰如意头一周，碗内壁装饰暗八仙纹饰，碗底书青花"大清乾隆年制"六字三行篆书款。此种瓷器为清代官窑传统产品，自乾隆朝始基本每朝均有烧造，虽然造型、纹饰相同，但历朝的感觉却有差异，乾隆朝白釉莹润，色彩比较浓厚。此碗属乾隆精品。

（李芳芳）

# 清嘉庆绿地粉彩描金
# 缠枝花卉纹折沿盘

尺寸：高 9、口径 38.2、足径 19.3 厘米

    此盘以绿彩为底色，施彩艳丽，工艺华美，尽显宫廷用器之奢华。绘画所用彩料上等、画片布局合理、盘中花卉文饰细腻生动；其修足规整、胎质细腻紧密，盘底挂天蓝彩，书红彩"大清嘉庆年制"六字三行篆书款。属嘉庆瓷器精品。

（李芳芳）

# 清嘉庆松石绿地穿花龙纹盖罐

尺寸：通高 18.2、口径 8.2、底径 9.7、腹围 56.8 厘米

此罐短直颈，丰肩，鼓腹，盖平顶无钮。器身以松石绿为地，周身遍绘各色吉祥纹样。绿釉恬淡清新，外壁彩绘穿花龙纹，夔龙以红彩绘出，色彩鲜明，螭龙爪握莲枝，所有纹样又由缠枝花卉相连，一种大气之美。罐底书红彩"大清嘉庆年制"六字三行篆书款。

（李芳芳）

# 清道光粉彩描金红楼梦故事图八角盘

尺寸：高3.5、口径22.6、底径15.5厘米

　　此盘敞口，八角，圈足。盘心描金绘红楼梦故事图，口沿外饰花卉纹。粉彩纹饰精美，以当时名画家绘画为蓝本，兼糅西方绘画技法，勾线渲染，浓淡分水，清新明艳，立体感强，盘底有红彩"大清道光年制"双方框六字三行篆书款。器物制作精良，纹饰古朴典雅，为道光年间上乘之作。

（李芳芳）

# 清道光窑变釉石榴尊

尺寸：高 18.5、口径 10.5、足径 9、腹围 45.6 厘米

　　此器花口，折沿，束颈，圆腹，圈足微外撇，器身均匀分布六条凹线，外底刻划"大清道光年制"六字三行篆书款。器内施月白色釉，器身施以红色窑变釉，口部和六条凹槽处釉呈天蓝色。整器似饱满的石榴，由此而得名"石榴尊"。

　　窑变红釉瓷是清代仿宋钧窑玫瑰紫彩釉斑繁衍出的新品种，制作时将多种色釉刷在一件器物上，由于含有多种成色元素，经氧化或还原作用，釉面呈现出各种金属氧化物的呈色。在窑内高温下，各种釉色自然流淌，蓝、紫、白、红各色相互交融，宛如彩色瀑布垂挂，形成绚丽缤纷的图案，璀璨夺目。

（孙纬陶）

# 清咸丰豆青釉粉彩描金花虫纹叶形盘

尺寸：高 7.5、口长 27.2、口宽 22.2、
底长 20.2、底宽 14.5 厘米

    此盘撇口，圈足，仿树叶造型。口沿描金，盘内外精心描绘花卉、草虫纹，一派生机勃勃的景象，盘底书金彩"大清咸丰年制"双方框六字三行篆书款。该盘应属咸丰官窑，胎质细密，造型规整，优美端庄，色彩艳丽，彩料厚实华贵典雅，给人以富丽堂皇之美感，寓意生活富足，具有较高的研究价值。

（李芳芳）

# 清同治粉彩描金开光
# 隋唐演义故事图双狮耳大瓶

尺寸：高 93.5、口径 34.5、底径 31、腹围 115.4 厘米

    同治粉彩绘画风格与乾隆时期的粉彩有很大的区别，主要突出人物故事性，绘画手法写实。此器物造型规整、端庄、厚重，肩部堆塑双狮耳，栩栩如生。釉水莹润，色彩保存得很完好。器身绘画隋唐演义故事场景，描金开光，画工精美，施彩厚实。属同治粉彩上品。

（李芳芳）

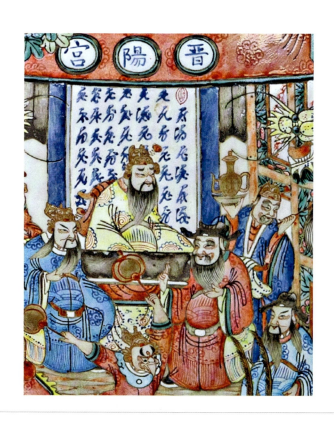

# 清光绪祭蓝釉描金团花赏瓶

尺寸：高 39、口径 9.7、
底径 12.7、腹围 73.6 厘米

　　赏瓶为清雍正时期出现的官窑瓷器品种，作为帝王赏赐臣子之用。从雍正沿用至清末，器形基本相同，采用固定模式的纹饰，一般用青花缠枝莲纹为主题纹饰，寓意"清廉"，寄托着帝王希望臣子清正廉洁的意愿。除青花外，也有祭蓝、祭蓝描金等赏瓶品种。晚清时期又出现了粉彩百蝶、粉彩百蝠、描金皮球花等新的绘画品种。

　　赏瓶撇口，细长颈，肩部两道弦纹，球形腹，圈足。通体施祭蓝釉，釉上金彩装饰，圈足内底书"大清光绪年制"六字两行描金楷书款（金彩脱落）。口部绘如意云头纹，肩部两道弦纹之间满绘缠枝花卉纹，花头硕大，间有"寿"字纹装饰，近底部绘一圈仰莲纹，纹饰绘画紧密，工整华美。颈部和腹部绘团花纹（皮球花纹），纹饰丰富，有龙凤、团鹤、福寿、蝠磬、八卦、莲鹭、松竹、花蝶及各种花卉等，寓意祥瑞。沉静的祭蓝底色施以明艳的金彩，绘画繁密丰实，尽显富丽华美风彩。

（张忠诚）

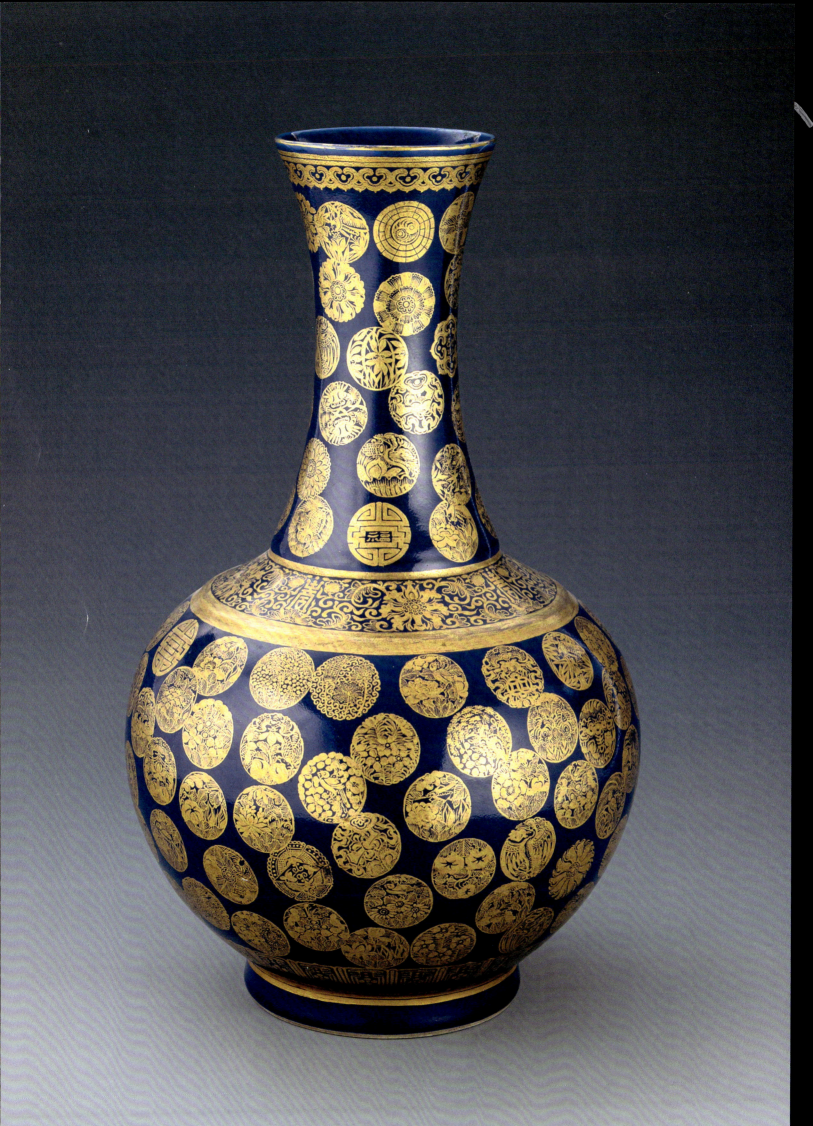

# 清光绪胭脂红釉葫芦瓶

尺寸：高 26、口径 6.6、
底径 11.6、腹围 62 厘米

　　金红釉是受西洋珐琅工艺影响传入的一种釉色。它是以金作为着色剂，在窑内经过 800℃左右低温烧制而成的低温红釉。由于其技术从西方传入，故又被称为洋红，或者西洋红，而西方称之为玫瑰红，或者蔷薇红。近代收藏家由于看这种红色如胭脂之色，略带粉调，习惯称为胭脂红。此件胭脂红釉葫芦瓶造型线条优美流畅，胎质纯净细腻，釉面光润，色泽纯洁。

（李芳芳）

铜器

# 西周齐中簋

尺寸：通高 19.7、口径 18.5 厘米

1958 年春招远市灵山乡东曲城村出土

西周中期

　　同出共 2 件，形制、尺寸相同，另一件藏于招远市文管所。侈口，微卷沿，束颈，鼓腹，两侧有兽首形耳，下有钩形垂珥。带圈足，圈足下连铸三个瘦高蹄形足。口沿下纹饰以高浮雕兽首居中，两侧为长尾凤鸟纹。圈足上有两圈凸起弦纹，足根上装饰兽首。器内底铸"齐中作宝簋"五字铭文。

　　据铭文判定，作器者应是与姜齐统治集团关系密切的贵族。这件铜簋在招远一带发现，对研究齐、莱两国地域与文化交流有重要意义。

（宋松）

# 西周涡纹鼎

尺寸：高 26.8、口径 25.2、腹围 81 厘米
1965 年龙口归城曹家村 M1 出土
西周中期

　　双立耳，直口，方唇，折沿，扁垂腹，圜底，三细柱足，
属于西周中期常见的圆鼎式样。腹部上方有两道凸起的弦纹，
中间装饰涡纹及四瓣目纹，云雷纹填地。

（宋松）

# 西周云雷纹甬钟

尺寸：高 34.2、宽 17、厚 14.8、钩长 10.5 厘米
1948 年龙口归城和平村出土，1964 年入藏
西周晚期

　　钟体呈合瓦体，平舞，柱状甬，曲于，直铣。甬上的环钮上有一铜挂钩，末端环状。尖状长枚，界以乳丁，舞、篆之间装饰阴刻云雷纹。钲中部有"目"纹徽识。

（宋松）

# 西周庙监鼎

尺寸：通高 21.2、口径 17.6、腹深 9.5、腹围 56、足高 8 厘米
1964 年龙口市芦头镇含栾村出土
西周早期

　　直口，方唇，折沿，双立耳外撇，腹微鼓，分裆，三柱足。腹部以分裆处为界分为三组相同的兽面纹，角外卷，圆目鼓凸，大耳，张口，口角露两獠牙，无体躯。兽面两侧各有一条倒立夔龙，柱足上饰蝉纹。兽面角、眉、耳、鼻等主要部位均为高浮雕，以细密的云雷纹填地。腹外底部有三角形范线，可见烟炱痕迹。鼎口内壁有"庙监作宝尊彝"六字二行铭文，"庙监"当系作器者之名。此鼎造型精致，纹饰华丽，是胶东地区出土青铜器中工艺水平极高的一件。

（宋松）

# 西周兽面纹甗

尺寸：高 40.9、口径 27.6、
甑腹围 65、鬲腹围 64.5 厘米
1965 年龙口归城曹家村 M1 出土
西周中期

　　甑、鬲连体，中间有三角形铜箅。甑侈口，方唇，双立耳。鬲分裆，三柱足。甑口沿下装饰兽面纹，袋足上浮雕三个兽面。铜箅以一铜环将箅一角固定于甑壁上，箅孔为"十"字形，共五个。

（宋松）

# 西周凤鸟纹贯耳带盖铜壶

尺寸：通高 45.7、口径 8.8、
底径 12.1、腹围 48.2 厘米

　　酒器，带盖。长颈，腹微鼓，器如圆筒，两侧有贯耳，
圈足外侈，盖和圈足两侧各有一穿。盖为喇叭形捉手，子口
略长，饰凤鸟纹。壶两贯耳之间及圈足亦均饰凤鸟纹。秀劲
挺拔，古朴清雅。

（王晓妮）

# 西周重环纹铜鬲

尺寸：高 15.6、口径 17.2、腹围 59.8 厘米

　　鬲是古代炊器，铜鬲最初是参照新石器时代陶鬲制成。此器侈口，卷沿，浅腹，瘪裆，三袋足，腹部饰一周重环纹，下饰一周凸弦纹。

（王晓妮）

# 西周己侯壶

尺寸：口径 6.7、腹围 67、底径 10.9、高 35.5 厘米
1974 年冬在莱阳县中荆公社前和前村发现
西周晚期

　　壶体瘦长，直口，高颈，腹最大径在下部，四环耳作兽头形，其中两耳在口沿下，两耳靠近底部，相互对称。器身满布纹饰，分作六层：由上至下第一层为三角纹内填变形夔纹，第二层为波曲纹，第三层为窃曲纹，第四层为夔纹，第五层为窃曲纹，第六层为波曲纹。圈足较矮，作编索状。圈足内有三行十三字铭文："己侯乍（作）铸壶，事（使）小臣台（以）汲，永宝用。"据铭文可知，此壶原为己（纪）国国君铸造，后赏赐近臣——小臣。该器物造型厚重，纹饰繁缛，是研究西周时期己（纪）国历史的珍贵实物。

（宋松）

# 春秋龙纹罍

尺寸：高 25.8、口径 16.3、
底径 13.5、腹围 95.3 厘米
1965 年购藏
春秋中期

　　侈口，短颈，鼓腹，腹部下收，平底。肩部左右对称装
饰一对兽首环耳。肩部、腹部自上而下有三层纹饰，均为变
体龙纹，复杂繁琐。器物包浆浑厚，属早年出土的传世品。

（宋松）

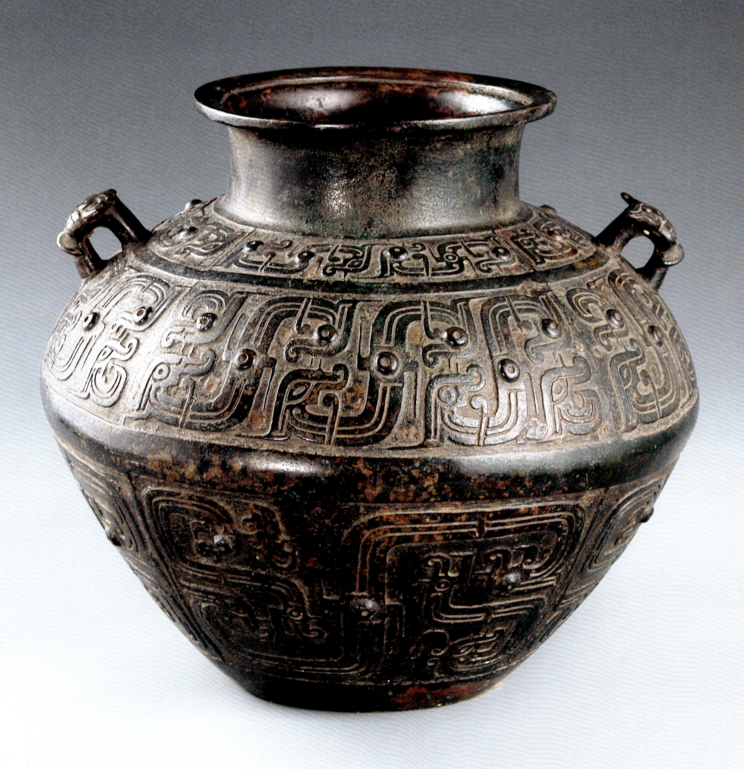

# 春秋提链盒

尺寸：高 10.4、口径 6.1、足径 8、腹围 33 厘米

1976 年蓬莱县村里集公社古墓群 M7 出土

春秋早期

　　敛口，鼓腹，有盖，器和盖皆有提链，盖钮作立鸟状。腹和盖部满饰交龙纹。小鸟作展翅欲飞状，形态生动逼真。器物小巧精致，工艺精良。

（宋松）

# 春秋交龙纹鼎

尺寸：高 41、口径 38、腹围 123 厘米

1976 年蓬莱县村里集公社古墓群 M11 出土

春秋早期

直耳，深腹，三蹄形足。口沿下饰交龙纹两周，间以乳丁，足部上装饰兽面，双耳外侧饰交龙纹。腹和足上均有扉棱。此鼎稳重大方，纹饰精致。

（宋松）

# 春秋交龙纹三环耳扁壶

尺寸：高 27.3、口径 10~12、
底径 8~10、腹围 57 厘米
1976 年蓬莱县村里集公社古墓群 M6 出土
春秋早期

　　直口略外侈，方唇，束颈，扁圆形腹，平底。肩部有一对竖立的环形耳，下腹部有一个环形竖耳。肩部装饰变体龙纹一周，下接一组横向排列的垂叶形双头龙纹。

（宋松）

# 春秋重环垂麟纹鼎

尺寸：高 32、口径 31.2、腹围 96.2 厘米
烟台黄务夏家卧龙林出土，1966 年入藏
春秋早期器物

敛口，方唇，折沿，双立耳，腹微鼓，圜底，蹄形足。口沿下饰环带纹，下腹为垂麟纹，两组纹饰之间以一条凸棱相隔。底部有范线痕迹。

（宋松）

# 春秋曩侯鼎

尺寸：口径24.3、腹围69.5、高20厘米

1969年芝罘区上夼墓葬出土

春秋早期

圆唇，折沿，双立耳，浅腹，圜底，三矮柱足。口沿下装饰两道弦纹，弦纹之间是一周重环纹。腹内壁铸铭文四行二十二字："曩侯易弟叟嗣戒，弟叟作宝鼎，其万年子子孙孙永宝用"。

（宋松）

120

# 春秋己华父鼎

尺寸：口径 29、腹围 83.5、通高 27.5 厘米
1969 年芝罘区上夼墓葬出土
春秋早期

　　圆唇，折沿，双立耳，腹稍深，圜底，三柱足。腹部装饰两道凸弦纹。腹外底经过修补，有烟炱痕迹。腹内壁铸二行十二字铭文："己华父作宝鼎，子子孙孙永用"。上夼墓葬出土的夆侯鼎、己华父鼎对研究己（纪）国和夆国的国属、地望等问题具有重要意义。

（宋松）

# 春秋夔纹兽首鋬四足铜匜

尺寸：高 16、长 29、宽 13.6 厘米

　　匜是先秦时期礼器之一，用于沃盥之礼，流行于西周和春秋时期。此匜流口高昂，兽首鋬，四兽足。口沿下饰一圈夔纹，鋬上饰鳞纹。造型古雅别致，纹饰简洁大方。

（王晓妮）

# 春秋几何纹铜罍

尺寸：高 34.7、口径 13.2、
底径 14.5、腹围 93.5 厘米
1969 年芝罘区上夼墓葬出土
春秋早期

喇叭形口，方唇，束颈，溜肩，肩上有一对对称的竖立半环耳，腹部圆鼓，底部略凹。颈部和肩部各饰一道凸棱，腹部有一周宽凹弦纹。肩部和腹部是细密平行竖线与交错的"之"字形宽平条带的几何装饰组合，自上而下共有三组。

该器的形制与 1972 年湖北熊家老湾出土的曾国铜器基本一致，略有不同的是后者腹近底部还有一竖立半环耳，两件器物均旧以壶命名。2019 年，国家文物局联合公安部从日本追回流散的曾伯克父青铜器一组，其中一件铜器与熊家老湾的出土品完全相同。值得关注的是，该器颈部凸棱下方铸有八字铭文"曾伯克父自作飤罍"，故此类器物可称为罍。有学者提出烟台的这件器物造型和纹饰是模仿鱼篓；而张昌平先生以曾伯克父罍为例，认为是模仿同类陶器。总之，上夼墓葬发现的这件铜罍表明春秋时期胶东半岛与湖北随州一带存在着文化交流关系，对当地的方国研究也有重要价值。

（宋松）

126

# 春秋兽头錾铜瓠壶

尺寸：高 26.7、流径 2、口径 6.5、
底径 6.5、腹围 35 厘米

　　酒器，形似瓠，而颈曲一侧，平底。肩腹部有一长錾，錾
两端有活节，且装饰浮雕兽头。口上有盖，盖上有冲天流。通
体素面无纹饰。造型奇巧，自然质朴。

（王晓妮）

# 战国嵌松石错金银龙纹铜带钩

尺寸：通长 21.2、宽 2.9 厘米
原中国历史博物馆（今国家博物馆）调拨，
1964 年入藏
战国时期

　　整体呈细长的琵琶形，兽首形钩首，圆形钩钮。钩面饰错金银，空隙处镶嵌绿松石。错落有致的松石依次排列，中间穿插盘绕着错金银的纹饰，惜松石脱落较多。整个带钩造型优美，金绿相间，纹饰流畅。

（宋松）

# 汉青铜鎏金卧鹿形席镇

尺寸：高6.4、长11.5、宽7.2厘米
1971年掖县平里店公社麻后村出土

　　青铜质地，通体鎏金，存2件。器形作卧鹿状，头部平视，神态安详，背部的左右两侧各生双翼。整体造型自然生动，栩栩如生。鹿角微残，鹿背部原嵌有一枚贝壳，现已遗失。鹿是汉代席镇中常见的动物造型。"鹿者，禄也"，汉人通常将鹿视为吉祥之物。这两枚鹿镇与西汉海昏侯刘贺墓葬中的出土品及旅顺博物馆藏品类似，是汉代动物形席镇中的精品。

（宋松）

# 明鎏金阿閦佛铜造像

尺寸：高 20.9、宽 15.3、厚 11.5 厘米

　　此尊佛螺旋发髻高隆，宝珠顶严，面容圆润，五官俊美，修眉细目，双眼略向下视，直鼻高挺，嘴角上翘略含笑意。大耳垂肩，颈施三道弦纹，胸膛宽阔，腰部收束，左手内弯托于腹前，右手施触地印。身披右袒式僧袍，边缘錾精美连珠纹与缠枝纹。双脚结跏趺坐于双层仰覆莲座，仰莲花瓣略短，覆莲花瓣稍长，座底部略大于上部，平稳匀衡。莲座上下缘各錾连珠纹一周。座上饰一金刚杵，表现出金刚乘五方佛的东方阿閦佛造像特征。

　　阿閦佛也译为"不动佛"，起源可追溯到初期大乘佛教经典，后并入五方佛系统。阿閦佛居东方妙喜国土，代表大圆镜智，为金刚族诸神之主尊。本件铜鎏金阿閦佛造型华丽庄严，为明代鎏金铜佛造像上乘之作。

（董艺）

# 清乾隆错金银瑞兽铜香熏

尺寸：高8.5、长8、宽6厘米

　　该香熏作瑞兽状，腹部中空，以备燃香之用。瑞兽双目圆睁，头上生角，耳尖上翘，身型健硕，肌肉饱满，四爪粗壮，踞地有力，前胸饰以缨络铃铛。铜质精良，用料上乘。体表采用错金银的装饰，颇为华美。

　　这种瑞兽即为史书记载的甪端，通常被认为是识贤聪慧的神兽。古代统治者为了表现自己的贤明，也为了得到神兽保护，多在宫廷陈设其造型的器物，以作为天下一统、太平安定的祥瑞之兆。今仍可见故宫太和殿、乾清宫等宫殿宝座的两旁均置有甪端形香熏。

（宋松）

玉器

# 西周弦纹玉琮

尺寸：高 8.1、边长 12.6、内径 9.8 厘米

　　此玉琮以白玉制成，色泽莹润，白中隐现青绿，器身布满沁蚀黄褐色斑痕。呈扁矮方柱状，内圆外方，上下口部分稍微凸出，口部边缘为圆弧状。琮面雕出四个角尺形凸块，中部有一条窄而深的横槽，将凸块分为上下两节，每节分布有两道平行弦纹。这件玉琮器形规整，厚薄均匀，边角端正，轮廓分明，器体打磨精致。

　　琮是一种内圆外方的筒形玉器，与玉璧、玉圭、玉璋、玉璜、玉琥共称为"六器"，为我国古代重要礼器之一。最早的玉琮见于安徽潜山薛家岗第三期文化，距今约 5100 年。至新石器时代中晚期，玉琮在江浙一带的良渚文化、广东的石峡文化、山西的陶寺文化中大量出现，尤以良渚文化的玉琮最发达，出土与传世的数量最多。玉琮在良渚文化中大量出土，有不下百件之多。玉琮是中国古代玉器中重要而带有神秘色彩的礼器，对良渚玉琮功用的猜测不下二十多种。《周礼》中就有"以黄琮礼地"的记载，也就是说在礼仪活动中用琮来祭祀地神。多数学者认为琮是一种沟通天地的法器，上内圆象征天，下外方象征地。

　　商周时期玉琮数量不多，从出土的实物看，这一时期琮的形体普遍较矮小，多光素无纹。玉琮切割规整，中孔较大，琮体较新石器时代略薄。春秋战国时期玉琮的造型与西周相近，形体较小，战国部分玉琮刻有细致的兽面纹、勾云纹等纹饰。

（王晓妮）

# 春秋兽面纹青玉佩

尺寸：长6.5、宽7.6、厚0.3厘米

青玉，泛栗黄色，沁色灵动。兽头形，方耳，圆目，目为圆孔，上宽下窄。目、耳、鼻、眉饰以密集的线纹，线条细腻流畅，排列匀整，以蟠虺纹作地，生动灵活。作品线条组织周密，构思奇巧，工艺精湛，沁色丰富，古朴绚丽，殊为难得。

（张忠诚）

# 宋仿汉兽面纹玉璧

尺寸: 直径 12.5 厘米

　　璧为白玉质地，玉质温润，部分钙化，土沁斑驳，表面包浆较厚，出土后经长期传世所至。玉璧的纹饰是典型的汉代制式，内层饰谷纹，外层为相互交缠、分布均匀的图案化兽面纹，两组纹饰之间有一道绳纹间隔开。与汉代的线条爽劲，边缘犀利不同，此璧线条细秀柔和，边缘转折圆润，谷纹较表现较模糊，且厚度较汉代显厚，整体风格圆厚含蓄，表现为宋代的工艺特征，是一件宋代仿汉代的玉璧。

（张忠诚）

# 元镂雕云龙纹白玉炉顶

尺寸：高 7、长 5.5、宽 4.8 厘米

    玉制炉顶常见于元代，是香炉盖上嵌镶的一种钮状玉雕器。这件元代镂雕云龙纹白玉炉顶造型呈钟状，玉质温润，包浆古旧，厚如凝脂。一龙穿梭盘绕于云雾之中，身形矫健，颇具动感。龙头饱满，圆眼，鹿形角，龙发后飘，锯齿形背鳍，身躯无纹，隐于云中。龙身盘转回绕，粗壮有力，与云朵巧妙结合。云雾纹饰采用了如意灵芝云纹，云头大小各异，错落有致，里外分明，节奏感强。云纹线条圆中带方，雄劲大气，刚柔并济，时代风格明显。元代炉顶的制作多采用圆雕、透雕和镂雕等手法，此件作品以圆雕和深浮雕为主，镂雕为辅。龙身及主要云纹打磨精细，而边缘部分稍显粗犷，以此来突出主体，弱化细节，强调整体感。整件作品圆浑朴厚，简洁大方，是一件玉雕精品。

（孙纬陶）

# 明减地高浮雕
## 双龙纹长方形玉饰板

尺寸：长14、宽11厘米

　　玉器为长方形，四边倭角，中间圆孔立边。以减地高浮雕法琢出双龙形象，圆眼，颈毛飘动，细颈，四腿曲张有力，尾部分为三叉。龙鳞及细部结构以阴线勾出，质朴大方。图案布局匀称舒朗，龙纹威武矫健，富有动感。

（张忠诚）

# 明玉山子

尺寸：高 7、长 18 厘米

　　山子白玉雕成，有绺裂，包浆浑厚，抛光较硬，呈玻璃光。此明代山子取园林假山灵璧石造型，讲究透、漏、皱、瘦。以管钻钻出大小圆孔，疏密横斜，四面通透。再依圆孔的分布雕出山石的轮廓、结构、层次。山子雕工粗犷，简洁大方，自然朴素，风格简约质朴。

（张忠诚）

# 明圆雕童子牧牛青玉摆件

尺寸：高 10.6、长 13、宽 5.7 厘米

作品以极概括的手法雕出所表现对象的形体特征，牛壮实、温顺的憨态，童子顽皮可爱的稚气，以大刀阔斧的大块面雕琢而成，再加以粗短的阴线装饰，整饬大方。细节如人物五官和牛的头、角等部位雕琢也非常简括，线条生动、准确、颇具神采。牵牛的麻绳松动而柔畅，将童子和牛联系在一起。整件作品形象生动，造型概括，做工质朴，温厚大气，表现出一种浓郁的生活气息。

（张忠诚）

# 明乳丁纹双耳青白玉杯

尺寸：通长 9.5、通高 4.2、
口径 5.7、底径 3.4 厘米

　　此玉杯造型端庄沉稳，威严有力，落落大方。整体造型方圆结合，曲直搭配，美观而不失力度。玉质晶莹剔透，温润如脂，包浆古旧。整件作品强调工艺感，对细节的把控相当到位，纹饰转折处打磨精到圆润，都达到了相当高的水平，且将玉器的通透明润发挥得淋漓尽致，是一件玉雕精品。

（孙纬陶）

# 明透雕螭龙白玉觥

尺寸：高 10.9、宽 7.3、厚 4.2 厘米

　　玉觥造型浑厚，庄严威武。觥底部雕一龙头，口吞觥体，龙身上翘为柄，龙角处理巧妙，成为觥的底座，牢固稳靠。觥身中部刻有浪花水纹装饰。口沿有工整的回纹装饰，雕两条螭虎，对视而伏，生动精巧。整件作品设计构思巧妙，螭虎和觥身结合紧凑，主题突出，细节到位。该作品风格以粗犷大气为主，也不失对细节的精准掌控，主次协调，处处体现着匠人对作品题材和器物结合的深刻理解。

（孙纬陶）

# 清镂雕松梅灵芝青玉花插

尺寸：高 16.5、底长 6.5、底宽 5.8 厘米

　　镂雕花插以和田青玉雕成，玉质细腻，油润如酥，造型清秀，抛光如蜡，精神内敛。作品构思奇巧，以松干为形体，中部掏空，呈不规则圆筒形，上部有松枝蜿蜒垂下，下面松梅竞秀，曲折而上；根部有灵芝一簇，舒展大方。做工采用圆雕、浮雕、镂空等多种表现手法，既概括整饬，又精致秀巧。树干光整而隐以起伏变化，嶙峋挺拔，静中求动，暗蕴活力。树枝圆浑曲折，富有生机，松叶饱满，梅花清秀，灵芝丰硕。青松和梅花是古代文人雅士喜爱的艺术素材，苍秀伟岸，四季常青，傲霜斗雪，冰肌玉骨，被赋予高尚的人格。整件作品雕工含蓄，气息温润，格调清新，有一种儒雅、沉静、不染尘俗的高雅气质，是一件文房佳品。

（张忠诚）

# 清乾隆雕蟠龙御题诗玉瓶

尺寸：高 34.4、口最大径 6.3、底最大径 9.8 厘米

　　玉瓶体量硕大，系取整块和田玉籽料切割雕琢而成。玉质细腻温润，背面有栗色玉皮。瓶形扁圆，转折处近方，长颈、斜肩、圆腹，下收为圈足，参照古代青铜器壶的造型而有所变化。瓶颈处盘绕一条骊龙，张口瞪目，曲颈躬身，长须舞动，利爪拳曲，护持宝珠，威严而灵动。瓶腹有阴刻小楷乾隆御题诗一首："捞取和阗盈尺姿，他山石错玉人为。一珠径寸骊龙护，守口如瓶意寓兹。"瓶底刻有"大清乾隆年制"楷书款。玉瓶造型规整，线条圆润，挺拔而庄肃。骊龙雕刻尤为精妙，须、眉、面目生动传神，身躯圆劲盘曲富有动感，高浮雕、镂雕的精美表现力与光素的瓶身动静结合，凸显出独特的美感。

　　该瓶为乾隆时期清宫造办处所制之物，原系乾清宫旧藏，1900 年八国联军劫掠京城，被一沙俄士兵掠得，至黑龙江双城子镇，被爱国商人杨鉴堂高价购回，使国宝幸免流失海外。1972 年，其子杨景韩将玉瓶捐献给国家，藏于烟台市博物馆。该玉瓶代表了乾隆时期高超的制玉水准，有极高的艺术价值，同时见证了中国近代的屈辱，见证了中华儿女的爱国情怀，是一件极为珍贵的历史文物。

（张忠诚）

撷取和闐盈尺
姿他山石錯玉
人為一珠徑寸
驪龍護守口如
瓶意寫茲
乾隆御題

# 清乾隆御题白玉熊摆件

尺寸：高5.2、宽6.6、厚2.8厘米

玉熊以和田籽料雕琢而成。玉质细腻晶莹、如凝如脂。刀工圆熟，雕一小熊跪坐，略有睡意，憨态可掬，形象生动。玉熊背部阴刻有乾隆帝御题楷书五言律诗一首："运晴善缘立，吐舌欲甜礤。本是翠微守，莫言紫褥氄。珍惟荆客识，祥叶大人占。特达深资处，和九绩学潜。"款书"乾隆御题"，并刻有"乾""隆"两方印章，"乾"字为阳刻，"隆"字为阴刻。

（曲菲）

# 清丹凤朝阳白玉摆件

尺寸：长8.9、宽4、高5.9厘米

　　玉件形体丰厚饱满，是用整块和田白玉籽料雕琢而成，玉质细腻，如凝脂般温厚莹润，洁净无瑕。边缘带有栗黄色玉皮，天然质朴。所雕丹凤朝阳题材，出自《诗经·大雅·卷阿》："凤凰鸣矣，于彼高岗。梧桐生矣，于彼朝阳。"比喻贤才逢明时，寓意吉祥。作品采用浮雕、镂雕、起线等多种表现手法，形象准确生动，雕工精致细腻。凤凰回首振翅，神态平和；太阳居上方，圆浑含蓄；祥云层层叠叠，轻柔绵厚。整件作品玉质温润洁白，造型浑厚，线条含蓄，形象生动，抛光柔和，为一件清代玉雕佳品。

（张忠诚）

# 清圆雕象形玉水丞

尺寸：高 9、长 11 厘米

　　玉象采用优质和田青白玉雕成，玉质细腻，如凝脂般温厚莹润，局部有绺裂。造型丰厚饱满，圆浑壮硕。大象弓背俯首，象牙挺拔突出，象耳肥厚下垂，象鼻上卷，象尾摆动，四肢粗壮，憨态可掬。象的结构凹凸起伏用隐起的方法表现，柔和自然，不留痕迹。象背铺一毛毯，正中圆形打孔，起边沿，向内掏膛，孔四周饰灵芝头纹，两侧向下依次雕蝙蝠纹、弦纹等装饰，以浅浮雕表现，工艺精致，线条圆润流畅，秀美含蓄。此玉象掏膛为水盂，做工精美，雍容大气，为文房珍品。

（张忠诚）

# 清浅浮雕瓜蝶连绵长方形玉佩

尺寸：长8、宽5厘米

玉佩玉质温润洁白，细如凝脂。雕为瓜蝶形象，双瓜并蒂，须蔓叶子拂瓜，瓜藤镂空，瓜身以阴线为棱。下方一大蝴蝶，双翅翩翩，体态轻盈，翅膀边缘曲线柔和，双翅及身上饰以阴线，雕成花纹结构。玉佩雕工圆润饱满，线条柔和，造型别致，表现出清代中期高超的琢玉工艺水平和艺术审美标准。

（张忠诚）

# 清透雕折枝花青白玉杯

尺寸：长12.7、宽8.2、高4厘米

　　玉杯用青白玉雕成，质地莹润，造型大方，设计巧妙，布局合理。以不同大小的花朵作为装饰，并辅以曲折盘绕的枝条衬托，再配上片片花叶，加上细部的阴线刻画，使整件作品丰富饱满。不仅有点、线、面的协调配合，还有空间结构上的远近开合，大小重叠，线面交错，给观赏者以多彩的视觉享受。作为杯体的中心花朵，造型简括，朴素大气而不失精巧，一旁用作杯柄的花叶采用平面造型，镂雕和浮雕相结合的技法，既保证了结构画面上的显示效果，又考虑到持握上的方便舒适，底部向各方伸展盘绕的花枝细叶，用线流畅，疏密曲折各有搭配，视感精美又保证底座稳固。整杯实现了精美同实用的完美统一。

（孙纬陶）

# 清鹿鹤松寿青玉山子

尺寸：长 14.9、宽 4.3、高 11.6 厘米

　　山子用优质和田玉制成，玉质清素带有糖色，温润如脂，清透细腻。作品以山林隐逸生活为题材，高山流水，亭榭长松，鹿鸣鹤舞，高士闲居，意境幽远，格调清疏。作者将硬爽方峻和含蓄圆润两种不同风格的线条糅于一体。山石亭榭刀法方峻硬朗，犀利挺拔，营造出山峦高峻，岩壑幽深的氛围。而长松苍古清疏，仙鹤或翔或立，梅花鹿游于山间，童子抱膝昂观，老人捋髯沉思等细节却极精彩，刀法圆润含蓄，线条工稳精确，刻画入微，情致优雅。整体风格刚柔并济，清峻疏朗中透着圆润柔畅，粗犷简洁与丰富精雅相得益彰。

（张忠诚）

# 清梅竹牡丹双耳白玉扁瓶

尺寸：通高 28.4，口长 7.7、口宽 4.1、
底长 8.6、底宽 3.1 厘米

白玉扁瓶为一对，带红木底座。玉质白中闪青，带盖。此对玉扁瓶雕刻繁复，通体采用浅浮雕手法分别雕刻了牡丹、梅花、竹子及湖石等纹饰。瓶体正面下部雕刻湖石，两株牡丹从石侧伸出，牡丹花或盛开或含苞待放，牡丹花瓣层叠饱满，枝叶纹理清晰，舒展自然，随风摆动，富有生气。扁瓶侧面雕刻了几株细竹，竹节挺拔向上，竹叶错落有致。扁瓶背面下部同样雕刻了湖石，造型玲珑，石上的孔洞使其更加通透灵动。石侧雕琢古梅一树，枝干弯转曲折，朵朵梅花盛开在枝头。

盖钮为一朵微微开放的花朵，四周的叶子与瓶盖相连，构思精妙。盖钮两侧用圆雕手法雕刻了两只相对的螭虎，四肢趴在瓶盖上，仰头向上。扁瓶口部和盖沿分别雕刻了一圈回字纹。

两扁瓶整体造型端庄厚重，图案布局疏密有致，层次分明，富贵雅致。雕刻线条明快劲秀，生动流畅，做工精美，堪称精品。

（王晓妮）

# 清减地浅浮雕玉甗

尺寸：高 15、口 5.4 厘米

　　玉甗玉质润泽，形体硕大修长，线条优美，结构端正。取青铜器甗的造型而略加变化，立耳，颈部下收，圆腹，下部鼓腹收为三足。分别饰以浅浮雕蕉叶纹、饕餮纹、兽面纹。结构复杂，工艺精巧，庄重中透着秀美，挺拔而内蕴含蓄。

（张忠诚）

# 清猴子偷桃玉摆件

尺寸：高 10.7、长 9.9、宽 5.3 厘米

玉件玉质润泽，包浆丰厚。题材取一枝仙桃，结实若干，以桃枝盘曲为底座，一丰硕大桃为主体，小桃分布周围，桃叶披拂。一只猴子奋力摘桃，双手合抱，身体前倾发力，动态活灵活现。

雕刻风格大气含蓄，取圆雕加镂空的手法，表现出作品的大致形象，以阴线刻画部分细节，加以丰富。作品整体感强，主次分明，圆劲含蓄又不失精巧灵透。

猴子活泼机灵，深受人们喜爱，"猴"与"侯"谐音，被赋予"封侯"的寓意。仙桃食之可长生，为增福添寿的祝寿圣品。此雕件蕴含长寿、高升之意，寓意吉祥。

（张忠诚）

# 清雕花翠烟壶

尺寸：通高 6.4、口径 1.81 厘米

鼻烟壶使用上等的翡翠料，通体色泽翠绿，质地莹润，极为罕见。壶顶采用粉红色碧玺料，通透光泽，为碧玺中上品。壶身配以浅浮雕兰花装饰，刀法细致，线条流畅舒展。作品整体精致典雅，工艺精湛。

这一稀世珍宝原属王懿荣所有，相传由慈禧太后所赐。王懿荣（1845~1900 年），字正儒，山东省福山县（今烟台市福山区）人，光绪六年进士。中国近代金石学家、鉴藏家和书法家，为发现和收藏甲骨文第一人。1900 年授任京师团练大臣，八国联军攻入京城，皇帝外逃，王懿荣遂偕夫人与儿媳投井殉节。此鼻烟壶被其次子王崇烈带回老家珍藏，1919 年王崇烈去世，家人将鼻烟壶放于王崇烈墓中陪葬。中华人民共和国建立后生产整地期间，王氏墓地被毁，鼻烟壶被时任李家村党支部书记刘焕一及时保护，后转交烟台市博物馆珍藏。

（孙纬陶）

杂项

# 秦嵌铜诏版铁权

尺寸：高 20.5、底径 24.7 厘米

1973 年夏山东省文登县简山公社出土

　　该权为铁铸，保存基本完整，略呈半球形，平底，顶上铸半环形的鼻，侧面嵌铜诏版。铜诏版为长方形，长 11.1 厘米、最宽处 8.6 厘米、上阴刻秦始皇二十六年诏书文字，竖行，九行，计 40 字，全文为："廿六年，皇帝尽并兼天下诸侯，黔首大安，立号为皇帝，乃诏丞相状、绾，法度量，则不壹，歉疑者皆明壹之。"笔画方折，大小错落，大部分字迹清晰，个别字笔划残缺。

　　公元前 221 年，秦始皇一统天下，建立了中国历史上第一个中央集权的封建国家，颁布了许多有利于国家和社会发展的政策，其中包括统一度量衡。秦代的衡制是以战国时期秦国的衡制为标准制定，计量单位有石、钧、斤、两、锱、铢，其衡制为：1 石 =4 钧 =120 斤，1 斤 =16 两，1 两 =4 锱 =24 铢。秦一斤为现在的 250 克，烟台市博物馆收藏的这件铁权重量应为秦斤 120 斤，即石权，是现存最重的秦权之一。

（宋松）

# 西汉彩绘玳瑁形漆盒

尺寸：通长 17、通高 11.7 厘米
1978 年 12 月山东省莱西县岱墅西汉墓出土

漆盒木胎，外部髹黑漆，上绘红与赭石色花纹。内髹红漆，甲部满饰黑、红、黄三色花纹，腹下两侧绘四足。整体仿玳瑁的外形，造型美观大方，色泽鲜艳，眼、鼻、口、耳、足雕刻得极其传神，惟妙惟肖。设计精巧、工艺精致、十分珍贵。

此件漆盒于 1987 年 8 月在中国文物保护研究所胡继高的指导下，进行了漆器脱水处理。1988 年 8 月被定为国家一级文物。

（许盟刚）

# 明铜胎掐丝珐琅三足炉

尺寸：高 7.9、口径 13.7、底径 9 厘米

　　铜胎掐丝珐琅有着黄金和宝石般的华贵和瑰丽，因其制作工艺复杂，釉料配制和烧造技术难度大，生产成本高，故很长时期内主要作为御前用器，由宫廷皇家御用作坊制作，除少量珐琅器由皇帝赏赐给王公大臣或作为贵重礼品给外国友人外，民间难得一见。

　　此炉撇口、直腹、平底，下承三足，口沿下饰双兽耳，炉身以蓝色珐琅料为地，主体纹饰饱满，色彩丰富，线条以掐丝金线描绘勾勒。整器造型庄重大方，古朴典雅。

（李芳芳）

# 明竹雕古松笔筒

尺寸：高 10、直径 8 厘米

　　笔筒为竹制不规则的圆筒形。以筒身为树干，从侧面斜出一枝，疤结嶙峋，虬曲劲拔，枝头上扬，松针致密，清秀葱郁。此筒以减地浮雕法制成，略加镂空和阴线，筒身自然起伏不加修饰，造型简洁，圆浑苍劲，颜色深沉，包浆厚实，透露出一种浑厚挺拔的古拙质朴的美感。

（张忠诚）

# 明竹根雕蟾蜍摆件

尺寸：高 13.3、长 20.1、宽 16 厘米

　　蟾蜍为立体圆雕，底部竹节紧密，是取竹根随形而雕，构思巧妙，色泽沉郁，包浆自然。蟾蜍体态健硕，凸眼阔口，前肢挺起，后肢弯曲，神态炯然，蓄势待发。其做工质朴，粗犷大气，除嘴、眼具体刻画外，其余皆取其轮廓，以粗拙的刀法刻凿而成，浑朴若天成，无雕饰之习气。工艺拙中见巧，粗中寓精，取自然之精华，叹为观止。

（张忠诚）

# 明山水人物图象牙笔筒

尺寸：高 13.4、口径 10.2、底径 10.2 厘米

　　笔筒用料硕大，圆口，直壁，口底相若，微束腰，造型洗练大方，隽秀俊逸，质地细腻光润。笔筒外壁以阴刻线描手法表现出陶渊明隐居田园的画面，图正中雕刻陶渊明坐在松树下，身旁站一童子，手持插满菊花的花瓶。身后的石台上摆放着香熏，青烟袅袅。画面一侧有一童子挑着食盒水罐正走在蜿蜒曲折的小路上，去给陶渊明送饭。背后远山环绕，云雾缭绕，几间茅舍矗立在林间。近景山石嶙峋，树木葱郁，环境清幽，描绘出一幅"采菊东篱下，悠然现南山"的恬静和谐的田园风光，体现出陶渊明归隐田园的文人情怀。画面结尾刻诗："芳时淑气和，春水淡成波，滉漾滋兰祉，沧涟长荇荷。"落款"耐冬轩"。舒卷云下，筒身雕刻的山石、树木、茅屋、人物等等，由近而远，有精有略，颇具诗情画意，宛如一幅优美的水墨画。刀工纯熟，线条清秀舒朗，简洁明快，人物刻画生动，构图疏密有致，层次分明，极具匠心。

（王晓妮）

# 明镂雕渔家乐犀牛角杯

尺寸：高 9、口长 15、底长 5.4 厘米

犀牛角杯作为古代王公贵族阶层的奢侈品，明清时期较为盛行。此杯局部小残，犀牛角质地，广口，收腹，细足，依角形雕琢加工，不作大的去舍，足见材料之珍贵。雕刻渔夫生活劳作场景，鲜活生动。山崖之下，芦苇丛中，一叶小舟泊于水面之上，船上渔夫奋力从水中拉出渔网，看似沉重，收获颇丰。儿童光着屁股，依偎着渔夫，看水中光景。另一侧岩石之下，一渔夫搬起水中的鱼笼，查看笼中的收获。山崖上古松倒挂，蟠曲遒劲，势如游龙，岩上松枝过墙入杯口内，以松干镂空为杯鋬，精巧别致。此杯雕刻技法丰富，镂空雕、浮雕、线雕并用，层次分明，构图饱满，雕工圆浑，朴厚古穆。杯为深琥珀色，局部透着一层柔美的光泽，富有灵气。

（张忠诚）

# 明浮雕螭虎纹犀牛角杯

尺寸：高 9.5、口长 13.5、底长 4.5 厘米

　　犀角杯为蒸栗色，斗形，上阔下窄，口沿外敞，呈不规则椭圆形，似未展开的荷叶状，内壁线刻荷叶纹理。底足部分雕刻海水波浪纹，用平行的曲线盘曲表现波浪翻滚之状。杯身分布八只螭虎，口沿近流处伏着一只螭虎，底足部海水中一小螭虎探出头来，别有情趣。杯鋬镂空雕刻的两只螭虎从杯底攀爬到口沿，尾部从杯底的海水中穿出，构思精巧。左侧一大螭一足紧抓杯口，同时用嘴咬住杯口，目光锐利，刻画精细。流下雕刻两螭，一大螭的大半部分身体隐藏在海水中，螭首向上，怒目仰视，两爪用力抓着杯壁；另一螭头部伸向一侧，横在上方。杯侧的螭虎，两两首尾相对、形态各异，灵巧自如。该器纹饰布局均衡，刀法自然流畅，螭虎形象栩栩如生，是犀角雕刻中的精品。

（王晓妮）

# 明圆雕佛手灵芝寿山石花插

尺寸：高 20.5 厘米

　　花插用寿山石雕刻而成，取圆雕、镂空雕等手法，结构变化多用隐起，含蓄自然。以灵芝为基座，圆浑灵动，质朴天然。上面托起一只佛手，旁出小枝结小佛手，以隐起手法表现佛手的凹凸结构，上部手指部分姿态各异，生动灵活。此花插形象动人，若鲜活之物，取自然灵气于其中，天人合一，古雅生动。

（张忠诚）

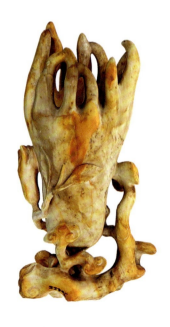

# 清乾隆桃形雕漆人物盒

尺寸：高 14.5、口长 27、口宽 26.8、
底长 19.4、底宽 19.2 厘米

　　漆盒呈桃形，分盖和身两部分，子母口，上下同大，平底。通体髹红漆，盒内及外底髹黑漆。盖壁外围和盒壁均刻锦地回纹，锦地上分别雕刻四组缠枝莲纹。盖面中部开光，浮雕"二十四孝"故事之《行佣供母图》，人物形象生动，山石树木自然和谐。以不同形状图案做锦地，用八组桃枝组成桃形纹饰带围成开光。此件漆盒漆层厚实，雕工精细，层次丰富，立体感强，纹饰布局严谨，构思巧妙，是雕漆器工艺中的精品。

（王晓妮）

# 清紫檀刻梅花描金笔筒

尺寸：高 17.5、口径 17.5、底径 16.9 厘米

笔筒选老料紫檀，圆筒式，底部微内收，下承三矮足。紫檀色泽深沉典雅，筒壁厚实，纹理明晰，庄重沉稳。筒身阴刻古梅一枝，从底部曲折向上，绕口沿倒垂伸展到笔筒底部。粗干深刻剔出并描金，疤节嶙峋，遒劲曲折。三两细枝顺势而发，错落有致，迎风轻摇，富有动感。梅花点缀枝头，疏密错落，或含苞或怒放，有暗香扑鼻之感，空白处题诗一首："客行满山雪，香处是梅花，丁宁明月夜，记取影横斜。"款署"幼农法家正书，晋甫摹仿"，钤印"僕寿同印"。画面构图舒朗，简洁生动，刀法洗练娴熟，线条流畅。粗干重刀深刻，苍古老辣；细枝线刻，更显松秀。梅花钩瓣点蕊，深浅有度，颇具潇洒清丽、清俊冷逸之韵致。描金艳丽悦目，而木色沉暗蕴藉，相互衬托之下，装饰效果更为突出。

（王晓妮）

# 清瘿木雕盖炉

尺寸：通高 13.4、口径 12 厘米

　　瘿木泛指所有长有结疤的树木，结疤也称为"瘿结"，是树木病态增生的结果，是一种天然的病态美。此件瘿木雕盖炉，没有过分雕琢，尊重木料的本态，不管是炉壁上的凸起还是炉底的纹理都自然生成，天然而奇特。炉内壁涂了一层金粉，炉盖应为后配的紫檀瘿木稍加雕刻而成，整体风格统一，淳朴而简洁。

（王晓妮）

# 清象牙雕韩湘子摆件

尺寸：高 22.7、直径 4 厘米

　　牙雕为立件圆雕，色泽深黄，包浆厚润，局部有牙笑纹。所表现的形象是神话人物八仙之一的韩湘子，身形清瘦，长衫贴身，如曹衣出水。其侧头仰目，手弄竹萧，若傲然遗世之情，默然无为之态，洒脱超逸，颇有些仙风道骨。作品雕工精美，粗中有细，人物的神情气质表现得尤为传神。面部刻画，结构精准而圆润含蓄，五官生动而颇有质感，表情细致入微。衣纹线条流畅而有层次，圆健而有厚度。细微处，发缕丝丝可数，腰间丝绦、竹萧挂坠雕刻细腻，衣领阴刻细线花纹简约别致。作品整体雕工温厚含蓄，线条无犀利之感，细微起伏做隐起处理，变化丰富而简约大方，体现出清早期雕刻艺术风格，具有较高艺术水准。

（张忠诚）

# 清象牙仕女摆件

尺寸：高 36、长 7.7、宽 6.4 厘米

　　象牙雕仕女立像摆件，色淡黄，质地细密，光泽度好。仕女高束发髻，戴耳环，脸庞圆润，弯眉细眼，嘴角微扬。身着长衣，体态婀娜，飘带绕肩自然舞动，丝绦束腰轻柔飘逸。腰间左右各有佩饰，左侧系着一个方孔倭角玉佩，纹饰精美，丝线穿扣巧妙别致，长穗自然下垂。右边系着一个葫芦，小巧别致，丝带随风摆动，富有动感。衣裳各处都线刻花纹装饰，精细入微，更显富丽华贵。作品雕琢细质，工艺复杂，细节追求完美，所塑造的形象端庄秀美，栩栩如生。

（王晓妮）

# 清象牙深浮雕周瑜打黄盖臂搁

尺寸：长26.7、宽8.5、厚3厘米

　　臂搁取料象牙剖面，截面圆弧形，实心，内外皆有雕工。外浅浮雕仙人骑瑞兽施法的形象，较简洁。内部雕三国故事周瑜打黄盖，场景宏大，人物繁多，雕刻技法丰富。采用了深浮雕、浅浮雕、镂空雕、多层透雕等表现形式，层次丰富，场面壮观。由于表现空间狭窄，作者将人物分区置于层岩叠嶂的山上，更显气势雄壮。主要故事情节在最下一层，台阁中周瑜拍案而起，怒气冲天，诸葛亮稳坐案侧，羽扇轻摇，老黄盖被两个兵士缚于阶下，另外俩兵士手持刑杖，就要行刑。崖前江水澎湃，殿外树影摇风，渲染出紧张的气氛。山上人物有文官、武将、侍从、士兵，官员拱手求情，士兵持械肃立，各具形态。另面浅浮雕。作品故事情节生动，人物特征明显，工艺复杂，构思巧妙，堪称佳品。

（张忠诚）

# 清乾隆金胎画珐琅双耳杯

尺寸：高 6.7、口径 7.1、底径 3.8 厘米

　　乾隆金胎画珐琅双耳杯，以黄金为胎，杯圆形，圈足，两侧有金质卷草纹耳。杯身黄地画珐琅彩，口绘回纹，中部装饰蕃莲纹，分别施用绿色和红色及蓝色珐琅彩，底部书蓝料彩"乾隆年制"双方框四字两行楷书款。其图案主题为西洋特色，反映出清乾隆时期中西文化的交流。金胎珐琅器物传世稀少，犹为珍贵。

（李芳芳）

# 清乾隆铜胎掐丝
# 珐琅缠枝牡丹纹炉

尺寸：高10.3、口径6.8厘米

    掐丝珐琅最早于元朝自西亚阿拉伯地区传入中国，这种工艺带着伊斯兰教艺术繁复绵密、蟠曲虬结、极重线条与设色的装饰性特点。乾隆皇帝崇尚师古，下令制作了许多仿古珐琅作品，这些作品多源自商周青铜器，如炉、尊、壶、觥、瓿、甗等，其上常饰蕉叶纹、兽面纹等。特点为造型规范、色彩绚丽、具有浓重的宫廷色彩和皇家气息。

    此件器物双层台口，短颈，圆腹，蹄足，耳上冲而有弯曲，造型敦厚端庄，线条优美，掐丝精细，釉色明丽古雅，器底刻"乾隆年制"四字两行楷书款，是掐丝珐琅炉中上乘之作。

（李芳芳）

# 清乾隆铜胎掐丝珐琅缠枝牡丹纹石榴瓶

尺寸：高 10、口长 5.4、底径 3.8 厘米

掐丝珐琅器以金属细丝焊接在胎体上造出各式图框，再将珐琅釉填满空隙，放入 680~720℃ 的隔焰窑急速烧成，这低温快火可黏牢珐琅釉，又不至于熔解铜线轮廓。过程重复多次，直至金属丝坑填平。表面还需经浮石打磨，将纹饰刮平磨亮，最后将金属丝及光素的金属部分镀金。

此器外壁绘缠枝牡丹纹，牡丹象征富贵荣华，寓意富贵常在，荣华永驻，显喜庆吉祥。造型古朴传统，颜色图案富于变化，因其丰实的瓶形类似石榴，而得名石榴瓶，造型颇具特点。

（李芳芳）

# 清乾隆铜胎
# 掐丝珐琅蝉纹狮钮香熏

尺寸：通高 21.2、炉直径 14.6、铲长 23.8 厘米

明景泰年间珐琅制作工艺日趋成熟，尤其是蓝釉料有了新的突破，因此历史上便有了"景泰蓝"之美誉。清代掐丝珐琅器成为清宫生活用品的重要部分，康熙及乾隆年间的珐琅器制作水平尤其高。

此香熏造型古雅，雕工细致，立耳，圆腹，腹上有出戟装饰，片形高足，盖上狮钮威严肃穆，炉盖有一圈镂空雕纹，镂空盖可开合，极具灵性，充满力度和动感，另配有珐琅描金小铲一只，非常精致。香熏工艺复杂，制式大气，空灵而不空洞，包浆厚泽，鎏金保存完好，具有很高的艺术和收藏价值。

（李芳芳）

# 清铜胎掐丝珐琅爵

尺寸：高 13.1、口长 10.8、口宽 5.3 厘米

　　爵系商周时期酒器，也是最早出现的青铜礼器。此爵圆尾曲流，两端上翘，双柱居中，直腹，圆底，椎形三足，兽吞形鋬，造型秀美挺拔，小巧精致。内施湖蓝色釉，表面色彩以青、蓝为主，黄、白点缀，庄重中透着明快。器物整体既具备金属贵重、坚固的特点，又具备珐琅釉料晶莹、光滑及适用于装饰的特点。

（李芳芳）

烟台市博物馆 编

# 烟台市博物馆文物精品集

王述全 主编

文物出版社

# 目 录

**绘画**

# 书法

# 后 记

绘画

# 明沈周夜雪燕集图卷

沈周（1427~1509年），字启南，号石田，晚号白石翁。长洲（今江苏苏州）人。世居吴门，父亲恒吉、伯父贞吉均善画。他早年承受家学，兼师杜琼，后博学宋元诸家，自成一格。一生布衣，优游林下，为人敦厚，笃于友谊，性情随和，胸襟磊落，是吴中众望所归的贤达长者。绘画上擅长山水、花鸟，尤以山水著称，有粗、细两种面貌。早年主宗王蒙，上追董、巨，以细笔为主；40岁以后博取诸家，着意于黄公望，逐渐形成粗笔风貌；60岁后汲取吴镇画法，笔墨疏简苍劲，格调雄健宏阔苍中带秀，刚中见柔，无论繁复或简略，都强调山川宏阔之"势"，一改元人空寂之境，又着意于朴实的"质"，藏巧于拙。他开创了"吴派"画风，与文徵明、唐寅、仇英并称"明四家"。

杨循吉（1456~1544年），字君卿，一作君谦，号南峰、雁村居士等。南直隶苏州府吴县（今江苏苏州）人。明代官员、文学家。

吴宽（1435~1504年），字原博，号匏庵、玉亭主，世称匏庵先生。直隶长州（今江苏苏州）人。明代名臣、诗人、散文家、书法家。

翁方纲（1733~1818年），字正三，一字忠叙，号覃溪，晚号苏斋。顺天大兴（今北京大兴）人。清代书法家、文学家、金石学家。

此图描写雪夜之下，文人墨客聚于雅室之内集句畅谈的场景。画中题句："杨仪部君谦、赵宪副立夫，夜雪燕集联句。此卷书赠座客陈景东者，景东是夕参游其间，风致可想见，因索余图于卷首，以成此胜迹云。"款识"沈周"。钤印"启南"（朱文）。鉴藏印"赵子泗印"（朱白结合）、"文水"（朱文）、"赵嵩之印"（白文）、"齐鲁礼义之乡"（朱文）、"天水郡珍藏图书印"（白文）。后有杨循吉跋，开

尺寸：画心纵 30.5、横 152 厘米　　质地：纸本

篇云："雪中同赵宪副立夫过访石田，夜集得联句十五韵，书与景东评之。"由此可了解此画创作缘由，雪夜间杨君谦、赵立夫探访沈石田先生，雅集得联句。君谦书录联句赠与友人陈景东留念，陈当晚亦参游其间，请沈石田先生绘图再现当晚场景，以求诗书画合璧。石田忆写雅集之景，以成此图。图中之景应为沈周高隐之所在。

　　图中夜色沉寂，白雪皑皑，小桥静卧于林木之间，树木凋敝，枯枝间厚积白雪，三两丛细竹，五六株杨柳，簇拥着沈周的草堂。堂上三人对坐，论诗集联，雅兴正浓。画面采用平远布局，淡墨勾皴，浓墨点苔，笔意简淡，笔法松秀。以大面积淡墨渲染夜空及冰面，衬出林屋山石积雪之感。寂静、空旷的意境，与文人淡泊的心境相融汇，笔简意浓，堪为佳作。

　　图跋为杨循吉录是夜集联十五韵赠陈景东的正文，书法秀劲端庄。文中联句妙语连珠，书文并茂。款识"己酉仲冬廿八日南濠杨循吉"。又有吴门文人吴宽跋诗一首，把此雅集比作梁园兴事，同时又表达了自己忧国忧民的情怀，与沈周等高隐无忧的在野文人不同的心境。吴宽书学苏轼，笔墨沉雄厚重。杨循吉、吴宽都是吴门名士，沈周的好友。诗文款识"吴宽"。钤印"原博"（朱文）、"古太史氏"（朱文）。卷尾有清代书法家翁同龢跋诗一首并题句，句中提及程篁墩在君谦家访得吴仪礼逸经传旧写本之事。款识"乾隆壬子上春十日北平翁方纲"。钤印"翁方纲印"（白文）、"督学山左"（白文）。此沈周"夜雪燕集图"卷后有杨循吉、吴宽、翁同龢手迹，殊为难得。

（张忠诚　孙纬陶）

啼飢兒女止連村況有催
租吏打門一夜老夫眠未
穩起来尋紙賦梁園
雪夜蓮集君諸諸君已紀
其勝而沈啟南又采以圖誠
不減梁園興味矣予故
賦之以詩氏此
吳寬

家新安程篁墩樓
丹关门发日乃访得
之在成化甲辰春
也
乾隆壬子上春十
北平翁方綱
日

雪中同趙憲副立夫過訪右田夜集
得胚句十五韵兩書兩景東許之
扁舟乘興去望之點素　楊宛光
凌亂調寬散遠雪拂塵　趙題詩人入郢
作賦客如雲沈　趙甍花落傳杯
度月光　楊環林墻對坐玉樹儼成
水流一溪咽風割半池涼　楊密竹聲
行　趙規歷分銀界方玲映草堂　沈
猶巢躁松色更芳　趙擁衣唱片
點地只莊、沈為報梅初白相看酒褪
黄　楊陽春回脈候為管應吹高　趙
柳絮閏中詠峨嶒天外妝　沈簾前分
積素燈下薄滙湘揚不夜城邊坐廣
寒宮裏望　楊不期朝旭轉貂醉白
雲煖　沈

乙酉仲冬廿八日南濠楊循吉

松籌歸後又三
年　悵否春官
東上者　除雲
隨川書一卷
方人雪中酒夜
傳舩

# 明林良雪景双雁图轴

尺寸：纵 194、横 118.4 厘米　　质地：绢本

　　林良（1436~1487 年），字以善。广东南海人。活跃于明正统至弘治年间，因善画入宫。林良善花鸟，其水墨禽鸟、树石，继承南宋院体放纵简括的笔法，遒劲飞动，有类草书，墨法灵活，为明代院体花鸟画代表画家，影响到明代中期的花鸟画创作。

　　此画为林良的精品之作，画中断崖倒悬，古木萧瑟，芦草伏地，雪厚天寒。一雁引颈凝视冰面，似为踯躅疑惑之状，一雁曲颈回身，啄食芦叶。一静一动，颇具匠心。画中大雁造型准确，笔墨细腻，头、眼、羽、翅皆精妙传神。而补景反差极大，笔墨粗爽肆意，灵活飞动，劲拔奇峭。左上角落"林良"款，书法硬劲利落。钤印"以善图书"。画雁之法虽取宋代院体，而独以水墨为之，淡施赭色，极具创新意识。山石树木之法师南宋马、夏一派，与浙派同趣，笔法峭劲险绝，极具表现力。

　　林良虽出身宫廷院派，"多状江湖所有，汀花野竹，水鸟渊鱼"，画风野逸潇散。其醉心水墨，工写结合，在明代院派中独树一帜。他的水墨花鸟画对明清文人画有很大的启迪和借鉴作用，意义深远。

（张忠诚）

# 明朱端寿山福海图轴

朱端，字克正。平湖（今属浙江）乍浦镇后所人。少时贫甚，业渔樵。正德间（1506~1521年），以画仕直仁智殿，授指挥俸。钦赐"一樵图书"，遂号一樵。山水宗马远，人物学盛懋，花鸟效吕纪，墨竹师夏昶，为明代院派名家之一。亦善书。

画面近景为一株古色苍然的仙桃树，树上有桃实八颗，树下点缀灵芝数茎。中景画沧海洪波，气势非凡。远方云气迷蒙，岭岫似鞍，其中一峰如有万仞，陡直如笔，当空红日如轮。作品气场浩大，笔法雄阔苍劲，设色雅致而不艳丽，属明代较典型的院体风格。朱端传世作品极少，尤为珍重。款识"一樵朱端"。钤印"克正"（朱文）、"辛酉征士"（白文）、"御赐一樵图书"（朱文）。

（许盟刚）

尺寸：纵 76.5、横 113 厘米　　质地：绢本

# 明文徵明观瀑图轴

尺寸：纵 346.5、横 103.8 厘米　　质地：纸本

　　文徵明（1470~1559 年），原名壁，字徵明，号衡山居士，世称"文衡山"。江苏长洲人。曾官翰林待诏，后弃官归吴中，斋名"停云馆"。诗文方面与祝允明、唐寅、徐祯卿并称"吴中四才子"，绘画方面与沈周、唐寅、仇英合称"吴门四家"，是继沈周之后吴门画派的领军人物。

　　文徵明艺术修养全面，诗书画具精。绘画方面山水、人物、兰竹无一不工，以山水为主。作品追求文人隐逸、清雅的情怀，融意境、诗境、心境于一体，诗书画相结合的文人画体式。

　　作品浅绛设色绘山水人物，画面描写深山幽壑之间，长松古柏之下，二高士对坐石台，观瀑论道之场景。款识"嘉靖壬子五月既望徵明笔"。钤印"文徵明印"（白文）、"衡山"（朱文）、"停云"（朱文）、"玉兰堂"（朱文）。嘉靖壬子为公元 1552 年，嘉靖三十一年，文徵明时年 82 岁，为其晚年的作品。

　　文徵明山水作品的内容多取山林隐逸的题材，描写高士文人品茗吟诗、寄情山水、静闻天籁、古雅高致。此图以巨岩幽壑为背景，长瀑自岩穴中蜿蜒而出，挂于石壁之上，落于幽潭之中，老松拔地而起，苍翠凌空，古柏横插双松之间，森然古貌，葱郁苍秀。二高士临溪盘腿而坐，飘然若仙，清旷优雅之情，跃然纸上。可谓"孤松挺秀，乔木临溪。时有逸兴，闲看天机"。

　　文徵明作品有细笔和粗笔两种风貌，细笔取法赵孟頫、王蒙，造型规整，用笔细密，于精熟中见稚拙之趣，多见早年作品。粗笔虽有沈周厚重苍涩之风，犹有细腻工整之趣，其画法源于沈周，上追吴镇，兼取赵孟頫古木竹石之法，笔墨苍劲，于粗简中见清秀。晚年之作，笔墨苍秀老辣，刚中带柔，纵逸自如，愈发彰显其纯熟的功力和高雅的意趣，进入炉火纯青的艺术境界。此观瀑图的艺术特点颇能代表其晚年的绘画风格。

（张忠诚）

# 明唐寅灌木丛篁图轴

尺寸：纵116、横115.5厘米　　质地：绢本

　　唐寅（1470~1524年），字伯虎，后改字子畏，号六如居士、桃花庵主、鲁国唐生、逃禅仙吏等，明代画家、书法家、诗人。

　　唐寅早年随沈周、周臣学画山水，宗法李唐、刘松年，融会南北画派，笔墨细秀，布局疏朗，风格秀逸清俊。人物画师承唐代传统，色彩艳丽清雅，体态优美，造型准确；亦工写意人物，笔简意赅，饶有意趣。其花鸟画长于水墨写意，洒脱秀逸。书法奇峭俊秀，取法赵孟頫。诗文上与祝允明、文徵明、徐祯卿并称"吴中四才子"。绘画上与沈周、文徵明、仇英并称"吴门四家"，又称"明四家"。

　　《灌木丛篁图》以丰富的笔墨描绘岁暮冬节的萧寂野色，画中层次深远，平中见奇，静中有动。笔墨精到，既有北派山水的峻拔气势，又具文人画秀润空灵的韵致。取景更是别具一格，既非传统的全景构图，也非边角的局部取景，而是采取山水画与花鸟画相结合的方式，以特写的形式用山水画的技法表现灌木竹石，很有特色。画中题句："灌木寒气集，丛篁静色深。冰霜岁历暮，方昭君子心。射干蔽豫章，慨惜自古今。嶰谷失黄钟，大雅无正音。为子酌大斗，为我调鸣琴。仰偃草木间，世道随浮沉。"落款"苏台唐寅画并题"。钤印"唐伯虎"（朱文）、"南京解元"（朱文）、"梦墨亭"（朱文）。

（曲菲）

灌木寒氣集叢篁靜色深冰霜
歲曆暮方貽君子心射干蔽豫章
慨惜自古今嶰谷失黃鐘大雅無
正音為子酌大斗為我讙鳴琴柳
偃草木間弌道隨浮況

　　蘇臺唐寅畫并題

# 明无款芦雁图轴

尺寸：纵 141.5、横 71.5 厘米　　质地：绢本

　　画面绘四只大雁栖息在水岸草坡之上，多作休憩之态，或有引颈远望者，神态警惕，或有低头觅食者，安闲自在。芦荻萧瑟，残荷依稀，蓼花将枯，蒲草萎地。夜风骤来，惊起草间鹡鸰、翠鸟，或惊恐不安，或慌乱飞去。作品以水墨表现为主，局部浅淡设色。线条自然流畅，变化丰富，把入秋植物的干涩、破败之感表现得淋漓尽致。大雁、小鸟均造型生动、准确，刻画精细，分染到位。画面整体节奏丰富而和谐，是画家匠心之所在。绘画风格颇受宋代院画影响，表现出明代院体绘画的风格特点。无款识印章。

（曲菲）

# 明无款杜牧《山行》诗意图轴

尺寸：纵 170.4、横 87.9 厘米　　质地：绢本

　　此图是以杜牧《山行》为主题而创作的，无作者款识、印章。通过描写和赞美深秋山林的美景，进而咏物言志，表达诗人内在精神世界，寄托志趣。图中时值入秋，峰峦隐匿，草木丰茂，流水蜿蜒，一群行旅者在傍水处的平缓坡地上休憩。一白衣老者神清气闲，身侧两名童子表情严肃，其一身负古琴，静立侧旁，着装朴素。远处有两侍从立在车旁，整装待发。整幅画面布局巧妙，结构严谨，在雄劲中透出疏秀之感，富有文人画的清雅和内蕴。其笔法严谨雄浑，风骨奇峭，风格直追南宋李唐、刘松年为代表的院体画派。另又与仇英有几分相近。虽无落款，却是上乘之作。

（许盟刚）

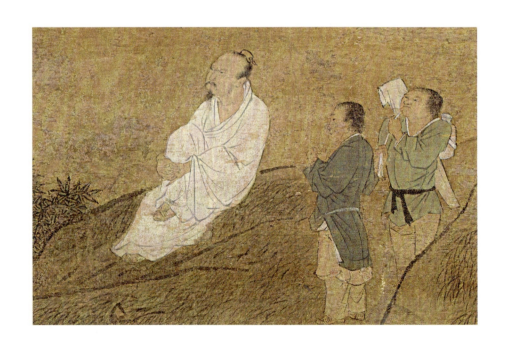

# 明无款秋鹰图轴

尺寸：纵 160、横 92.7 厘米　　质地：绢本

　　画中一只雄鹰伫立峭壁苍石之上，羽耸颈探，英姿飒爽，似欲腾空飞去。另一只伫立于苍老树干之上，转头后望，有顾盼之情。树干虬曲老辣，墨淡而干涩，树枝线条疏放，枯叶点染潇洒。山石用大斧劈皴，肆意纵横，随体转折而有变化。岩下菊花笔墨相对柔和，淡雅静逸，冲淡了画面的紧张气氛。雄鹰除嘴、眼、腿足以线条勾勒外，其余皆以没骨法绘出，不同于清代文人写意画以表现笔墨情趣为主，此没骨画法重在表现鹰的体量感和羽毛的质感，偏于写实，表现出鹰的雄健。此画风格近似明代院派画家林良一路。无款识印章。

（曲菲）

# 明蒋崧踏雪寻梅图轴

尺寸：纵 152.7、横 47 厘米　　质地：绢本

　　蒋嵩，生卒年不详，约活动于成化、嘉靖间。字三松，号徂来山人、三松居士。江宁（今江苏南京）人。善画山水人物，画法宗吴伟，为浙派名家之一。

　　蒋嵩继承和发扬了吴伟的浙派山水，他吸收宋元的笔墨技法，把笔墨的形式美感突显出来，将放纵的笔墨准确娴熟地与造型结合一起，相得益彰，尽情发挥自我个性，找到了自身在浙派中的定位。此《踏雪寻梅图》景致深远，坡石上古木苍然，枝叶凋零，尽显骨力之美。江上封冰，冷寂疏淡，薄雾中远峰高耸，岩崖峭拔，苍山覆雪，素裹银装。一高士头戴风帽，杖黎而行，童子随其后，手捧梅枝，寻梅而归，勾画出古代文人生活情趣的一个缩影。作品表现冬季山林的清冷寂静，映衬出高士淡泊清幽的情怀。其笔墨劲健洒脱，点画松灵，畅快淋漓，颇为尽兴。看似不经意而随手为之，实则结构严谨，笔散而韵奇。不难看出其中吴伟的影响，笔墨有南宋院体的遗韵。其笔法不追求文人画的圆润含蓄，颇具野逸之致，松灵劲秀，自得佳趣。作品款识极简，只落"三松"两字，钤"徂来山人"朱文印一枚。

（张忠诚）

# 明周之冕荷塘鹡鸰图轴

尺寸：纵 145、横 47 厘米　　质地：绢本

　　周之冕（1521 年～？），卒年不详，活跃于万历年间。字服卿，号少谷。长洲（今江苏苏州）人。擅花鸟，兼工带写，善用勾勒法画花，以水墨点叶，人称勾花点叶法。为吴门画派重要画家。

　　此图布局舒朗，笔墨恬淡。三片残叶，一枝荷花，摇曳的莲蓬梗上落一鹡鸰鸟，蒲草舒展，水面微波，表现出一种和谐、温润而清疏淡雅的荷塘景致，文人气息浓郁。荷叶用没骨法，根据荷叶的不同生长状态采用不同的表现手法，枯叶以淡墨写出叶面，边缘施以碎笔，颇显散淡飘零之趣。荷花做盛放将凋之状，亦用没骨法，笔墨工稳，分染细腻，花蕊点染精致。花茎笔墨淡雅曲活，更显花、叶亭亭玉立，风姿绰约。小鸟动感十足，形态生动，细微处笔墨精准，颇见写生之功力。通幅作品无较重之笔墨，用笔含蓄，清雅冲淡，逸趣盎然，不失为文人写意画之佳作。画中款识"万历乙未夏日周之冕戏墨"。钤印"周之冕"（白文）、"周氏服卿"（白文）。

（张忠诚）

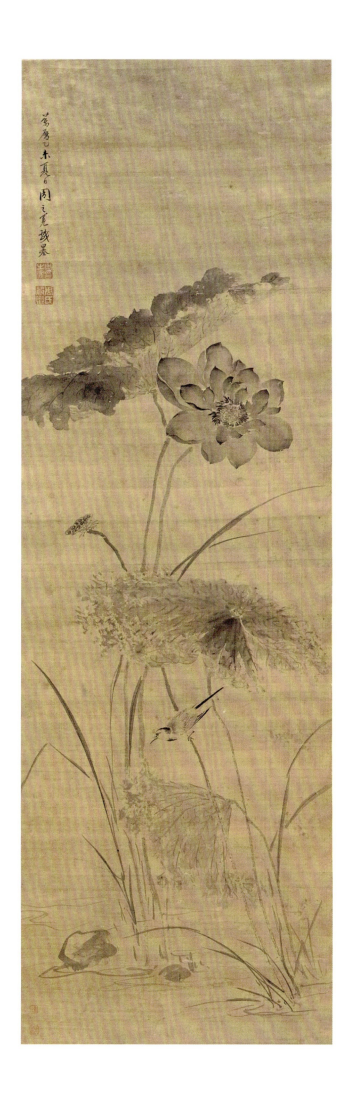

023

# 明钱贡夏木垂阴图轴

尺寸：纵 141、横 47.4 厘米　　质地：绢本

钱贡（大约活动于明万历年间），字禹方，号沧洲，吴县（江苏苏州）人。善画山水人物渔翁野景。仿文徵明、唐寅两家画，能逼真。传世作品有《坐春云起图》、《山水图》、《渔乐图》（现藏故宫博物院）、《城南雅集图》（现藏天津艺术博物馆）、《乞丐图》、《岁寒图》（现藏上海博物馆）等。

图中远处绘高山巨石直耸云霄，一条瀑布于巨石夹缝中直泻而下。近处树木郁郁葱葱，夏木成荫，蜿蜒曲折的流水，连接了远、近的画面。树荫下两位文人雅士似乎在谈论墨事，石案台上摆放着笔墨纸张和茶具，书童正单膝蹲在溪边洗砚。不远处一高士手持羽扇，后一童子手持书卷正徐徐走来，人物衣纹画法多用折带描。作者在淡墨勾画皴染的山石间夹杂着用浓墨勾皴的矾头和矮小的坡石，对比强烈，山石结构巧妙地以小斧劈皴出，形象地表现出山石的硬峭质感，这种画法是作者继承了南宋刘、李一派的传统及唐寅画法。款识"夏木垂阴，苏台钱贡写"。钤印"钱贡之印"（白文）、"吾道在沧洲"（朱文）。

（董艺）

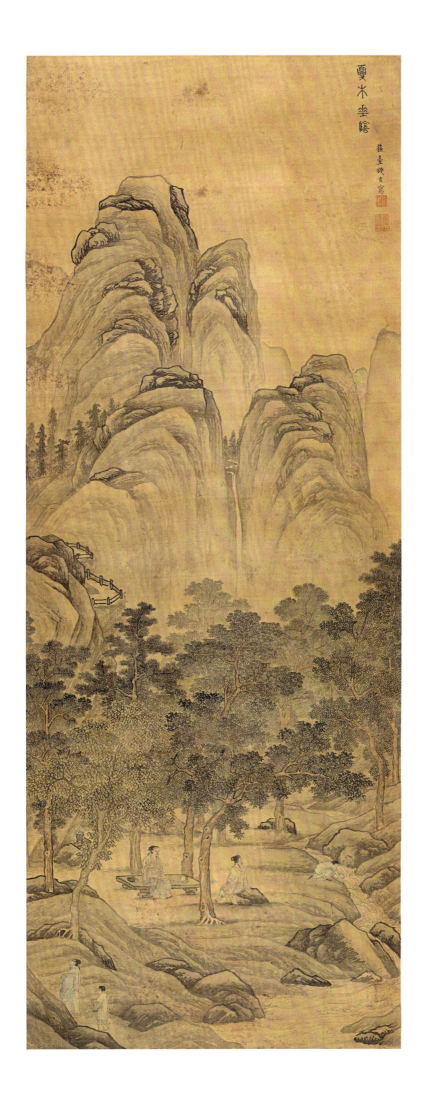

# 明冯起震墨竹图轴

尺寸：纵 127.5、横 51.9 厘米　　质地：绢本

　　冯起震（1553~1644 年），字青方，明末画家。今山东益都人。隐居教书，不图仕进，善画竹。崇祯二年（1629 年），他与儿子冯可宾合作画有竹石图 10 幅，著名书画家董其昌、邢侗、李君实为之题记。他所画之竹，笔墨挥洒，形神兼备，气韵生动，自成一格，素有"冯竹"之美誉。董等非常称赞他，认为"文与可后数百年所仅见"。著有《无声诗史》《图绘宝鉴续纂》《榆园画志》等书。

　　图中主体绘两株翠竹拔地而起，竹竿亭亭坚劲，竹节圆浑挺劲，枝叶繁茂，充满生命力。在技法上，画家巧妙地利用墨色的浓淡来表现竹竿的远近、竹叶的向背、枝叶的互相交叠，从而达到错落有致、形神兼备的艺术效果。在下部留白处用更淡的墨色简省地表达了其他竹竿和数棵新生的丛篁，不仅平衡了整个画面，还使整幅画面主体突出、虚实结合、浓淡相宜。款识"北海老人冯起震，七十五岁笔"。钤印"青方"（白文）。

（董艺）

# 明干旌云谷深泉图轴

尺寸：纵 177.6、横 45 厘米　　质地：绢本

干旌，字文昭。杭州人。工书擅画，山水可入宋元之室。

作品整体有北宋山水遗风，略带唐寅笔意。画幅较长，画面采用高远法布局，山石雄踞，层叠而上，或磐然稳立，或横斜势危，或高耸入云，或隐然为壑。泉水自山间石缝潺潺而出，或挂壁成瀑，或落涧为溪。古木森郁处，屋舍掩映，静谧幽深。溪畔有高士携杖而立，观悬泉，闻松风，陶醉于山间自然造化之中。山石略以斧劈皴，淡墨皴擦，峰头石隙以浓墨点苔，层层点染。树杆双勾，用笔含蓄，树叶或没骨点染，或双勾设色，变化丰富。巨石林列，多以直线表现，挺拔俊伟，而墨色湿润，皴法含蓄，点苔苍秀，林屋静逸，以文人静雅清逸之心融汇南北宗于一炉，表现出一种空灵秀逸，雄奇清幽的意境。题识"庚午秋仲写，似鹏雲道长兄正之，文招干旌"。钤印"干旌之印"（白文）、"文招"（朱文）。

（张忠诚　曲菲）

# 明戴明说墨竹图轴

尺寸：纵 133.6、横 49 厘米　　质地：绢本

　　戴明说，字道默，号牢荦。河北沧州人。明崇祯七年（1634 年）进士，顺治十三年（1656 年）户部尚书。工诗文，善书画，尤善墨竹，得吴镇法，飞舞生动，秀逸飘举，亦精山水。

　　此图以干湿浓淡之笔，横涂竖抹，极富纵横宕逸的意韵。修竹数竿立于石后，地面新篁丛生，布局疏密有致，结构紧密严谨。以淡墨写竹竿，竹叶则浓淡相间，顿挫扭旋，生机勃勃。可谓笔笔有生意，富有层次感，使全图产生墨彩缤纷的效果。物象并不复杂，但笔墨之中却蕴含着充实、厚重的意境。将兰、竹置于岩石之间，三者纵横交错，相得益彰，竹之劲挺、兰之清雅、石之坚韧顿时跃然纸上，给人以强烈的心灵震撼。画中款识"戴明说"。钤印"戴明说印"（白文）、"道默"（朱文）。鉴藏印"栖霞山人张氏珍藏"（朱文）。

（许盟刚）

031

# 明蓝瑛溪舟赏秋图轴

尺寸：纵 170、横 63 厘米　质地：绢本

　　蓝瑛（1585~1664 年），字田叔，号蝶叟，晚号石头陀、山公、万篆阿主者、东郭老农等。钱塘（今浙江杭州）人。浙派后期代表画家之一，工书善画，长于山水、花鸟、梅竹，尤以山水著名。

　　图中景物茂密，近处坡石累累，形成坡陁，处于曲流之畔。坡石上树木繁茂，造型古朴，勾画精细且疏密枯润有致。山林间烟云蒙蒙，溪泉蜿蜒，一高士乘船泛舟水上，欣赏秋景。隔溪远景处岩石突兀、亭台俨然，下有瀑布泻入清溪。山石以小斧劈皴为主，稍以色彩点簇，水墨晕染，刚中见柔，为蓝瑛早期仿古作品。题跋"崇祯甲戌清和仿李希古画寄上简翁刘老尚书玄粲。西湖外史蓝瑛"。钤印"蓝瑛之印"（白文）、"田叔父"（朱文）。鉴藏印"曾在钟丽泉处"（朱文）、"丽泉鉴定书画"（白文）。

（董艺）

崇禎甲戌清和仿李希古畫寧上
簡翁劉老尚書青霖
西湖外史藍瑛

# 明姜隐蕉叶赋诗图轴

尺寸：纵 74.4、横 34 厘米　　质地：纸本

　　姜隐，字周佐，生卒不详。山东黄县人。明代画家，善画人物花卉。所画人物，形象生动，笔墨秀润峭利，工笔写意均佳。

　　画面描写一文人雅士静坐于庭院一角的石桌前挥毫作书，石案上的文具小巧精致，身后奇石高踞，蕉叶舒展。作品风格疏淡清秀，意境宁静幽雅，表现出文人的闲情逸致。人物造型生动传神，须眉面目表现极为精彩，刻画出人物宁静致远的心态；幞巾线条挺拔犀利，爽劲而有动感，衣纹线条秀美，整肃大方，表现出人物闲适静逸的文人气质。奇石用直线，颇有棱角，淡墨渲染，衬出人物潇洒的身形；芭蕉隐于石后，枝叶招展，线条简洁，亦淡墨渲染，与奇石形成一藏一露，一动一静的反差对比。画面左下角，钤印"姜隐"（朱文）。画上诗堂有题诗："朝陈封事暮归耕，蕉鹿床头梦始醒。种得甘蕉长一丈，写成乐府寄狂生。"落款"玉翁"。钤印"蓝玉翁"（白文）、"致遂楼印"（朱文）。

（曲菲）

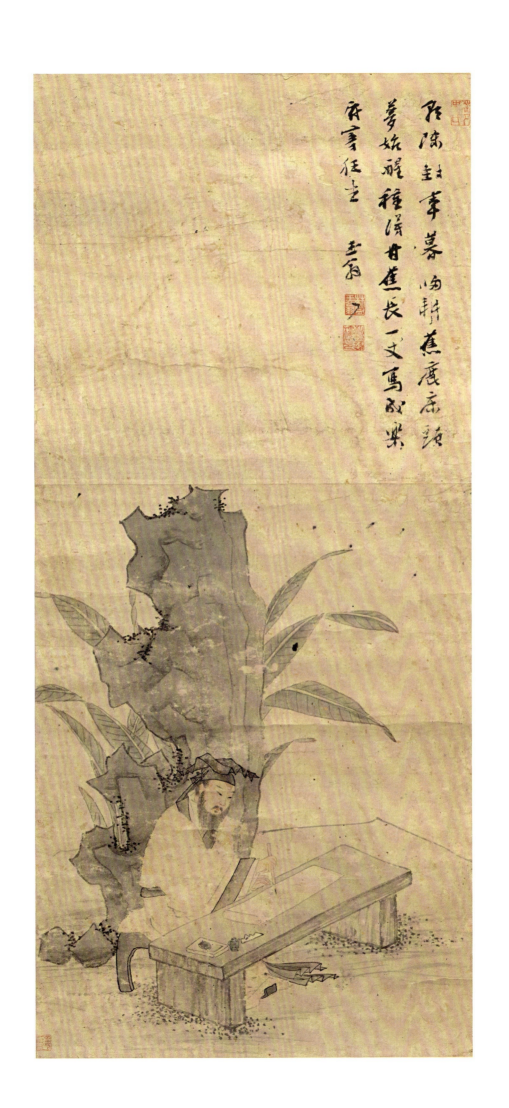

# 明崔子忠人物图轴

尺寸：纵 25.1、横 26.8 厘米　　质地：绢本

　　崔子忠（约 1574~1644 年），初名丹，字开予，更名子忠，字道母，号北海、青蚓。山东莱阳人。居顺天府（今北京）。为顺天府生员。活跃于明朝末年，明代画家。曾投董其昌门下。通五经，工诗文，擅人物、仕女、肖像，师法顾恺之、陆探微、阎立本、吴道子等。

　　此画中三个人物，神态生动，表情刻画到位，动作、姿态极富节奏感。最左边一白衣长髯男子，左手作摸头状，眼神凝重，若有所思。其右侧身着红袍者，手持书卷，眼神专注，颈部微耸，动作夸张，趣味十足。最上一人手捧包裹，打扮得仆人模样，露出对二人所思事物显出十足兴趣的样子。三个人物一坐、一蹲、一站，高低错落有致；动作一挠、一握、一抱，各有特点；三人视线相互交错，穿插碰撞，可谓匠心独具。此画构图上松下紧，视觉点集于画面中部，主题明确，简洁明了。设色单纯朴素，却气象朗然。人物衣纹线条遒劲有力，顿挫提按富有变化；其衣纹组织疏密有致，长短软硬相互呼应；表现以方硬为主，显得颇有力度。此画注重人物心理刻画，表达得到位且充满情趣，可谓是人物画中的精细之作"。钤印"青蚓氏"（白文）、"崔子忠印"（白文）。

（孙纬陶）

# 明日章松壑听泉图轴

尺寸：纵 144.5、横 52.2 厘米　　质地：绢本

日章，明代僧人，号锦峰。成都人。年轻时曾娶妻章氏，出家后法号日章。著有《锦峰集》，未传世。诗云："死性不改日章去，活到头来做伽僧。"画山水，学唐子华。

此图以浓墨勾皴山石后用淡墨积染而成。山石嶙峋耸立，直插云霄，山头更有古松几株，有直有曲。一条细流蜿蜒曲折出于岩后，汇至山下成溪。松荫间桥上立一高士，凝神侧耳，似听水声潺湲，极尽高旷之致。山中古松茂密，相拥而簇。远景山峰由绵亘而至峭拔，云海弥漫。全图构思奇诡，笔墨于浑然苍茫中透露俏丽清新。款识"锦峰僧日章画"。钤印"锦峰"（朱文）。左下方有法若真收藏款"黄山衲真藏"。钤印"法若真"（白文）、"黄石"（朱文）。画面上方有顾大申题"松壑听泉"四字，并为法若真题长篇诗句，落款为顺治八年（1651 年）。

（曲菲）

松壑聽泉

深巖萬籟息邪塵鳴飛泉松風吹不斷
散作林端煙至瑋全無聲相激成自然半
空搖落秋瓊二調風絃聲閑日清渟偶爾
空中禪如聽廣長古真長妙不宣嗟今
箇中蕭蕭皆廉縵何時虎跑粘月一天
長松商喧寒竟何處清霄來逼天

順治八年歲次辛卯夏六月趙為
黃石先生正之

華亭顧大申

錦峰陪日章畫

# 清蓝孟春山桃溪图轴

尺寸：纵 197.2、横 64.3 厘米　质地：绢本

　　蓝孟，清，生卒年不详，字次公，亦舆，又字鸾。钱塘（今浙江杭州）人。蓝瑛子，善山水，能传家法，师法宋元诸家，笔法疏秀。

　　此图布局丰满，山势高远，自下而上，山石连绵，空间宽阔。乔松挺秀，林木苍然，水渚间渔舟游弋，山林间小桥流水，村落藏于山坳之中，细瀑悬于高岩之上，峰峦奇伟，草木萧瑟。笔法取王蒙法，繁而不乱。线条松逸，存古拙之意，又得家传之妙，自出新意。画中款识"甲辰又六月三日避暑云止堂摹王黄鹤笔意，西湖蓝孟"。钤印"蓝孟之印"（白文）、"次公"（朱文）。

（张忠诚）

# 清髡残江干垂钓图轴

尺寸：纵 104、横 60 厘米　　质地：纸本

　　髡残（1612~1673年，一说1674年），明末清初画家，清四画僧之一。1651年出家为僧，法号髡残，字石溪，一字介丘，号白秃、残道人、石道人。湖南常德人，居南京。与程正揆（青溪道人）交善，时称"二溪"，又与石涛并称"二石"。髡残参究禅学，潜心绘事，善画山水，继承王蒙、黄公望等元人传统，又远宗董源、巨然，兼收并蓄，博采众长。他喜游历，师法自然，作画景真情切，状物与抒情融为一体，成就其独特的画风。

　　此图描绘出一种山林隐逸的景致，表达了作者向往高隐世外、遁迹林泉、闲云野鹤的思想情怀。画中坡石之上，古木盘根而起，交错成荫；高士盘膝而坐，凭栏垂钓，神情优雅闲逸，小童持杖侍立于侧。山峦岩崖间白云缭绕，古松倒挂，草堂数间，隐者静坐，神闲气定。屋后岩嶂高耸，密林深坳间隐见古寺。清泉于山中时隐时现，成垂瀑数段，蜿蜒汇于江中。作品构图饱满，开合有序，繁而不塞，气势平中见奇，正中寄险，空濛茂密，大气磅礴。作者善用枯笔、渴笔，笔墨苍劲凝重，沉酣老辣；浅绛设色，清淡沉着。此画境界幽深壮阔，笔墨浑朴苍厚，寄景抒情，不失为精品。画面题句"大江之滨，石壁之下，仰瞩高林，俯听洪涛，不唯荡涤襟怀，实亦遗忘尘浊矣"。款识"庚子修禊日于大歇堂下作此，黄壤石溪残道人"。钤印"石溪"（白文）、"电住道人"（朱白文结合）。

（张忠诚）

大江之濱石壁之下御瞬高
林僻無城門流不唯菖蒲裸樓
窗点遠岑塵鬧蒼
章子修裸日北去永畫下
許氏菫壤石作幽王人

043

# 清朱耷柯石双禽图轴

尺寸：纵107.5、横64.5厘米　　质地：纸本

　　朱耷（1626~1705年），僧名传綮，字刃庵，号八大山人、雪个、个山、人屋、驴屋等。江西南昌人。明宁献王朱权九世孙，明亡后出家为僧。明末清初著名画家，清初画坛四僧之一。花鸟以水墨写意为主，形象夸张奇特，风格雄奇隽永；山水师法董其昌，笔致简洁，有静穆之趣，得疏旷之韵。擅书法、能诗文。

　　这幅花鸟写意画是八大山人代表作品之一，画面一奇石突起，上厚下尖，有些失重。石上生树丫一枝，三两小叶。两只小鸟上下跳跃，给画面增添了些许生气。画中奇石线条洒脱随性，浓淡、枯润、自然生发，上方大石勾线而无皴，呈中虚之势，构思奇特。小鸟形态稚拙，变形夸张，饶有奇趣。此图构图奇伟，笔墨简洁，景物清疏。画面意境清虚空寂，冷逸潇瑟，带有浓厚的禅意，为八大典型的画风。画面右下角署草书款"八大山人"，是其70岁之前风格，类"笑之"。钤印"八大山人"（白文）、肖形印"八大山人"（朱文）。

　　八大山人作品缘物抒情，用象征的手法表达寓意，将物象人格化，寄托自己的情感；笔墨精练，构图奇特，形象夸张，画风孤傲奇伟，不染俗尘。从而开一代文人画新风，三百年来饮誉画坛，清代扬州诸家、吴昌硕，近代齐白石、潘天寿、李苦禅等大家，莫不受其影响，被后世奉为文人写意画一代宗师。

（张忠诚）

# 清叶雨峨眉积雪图轴

尺寸：纵211.2、横98.6厘米　　质地：绢本

叶雨，生卒年不详，主要活动于明末清初。字润之，擅画山水。

此峨眉积雪图，布局丰实、饱满，所绘之景不取山川全貌，画外之意给人以无限遐想，表现峨眉山之壮阔巍峨。纵观此图，不禁令人感慨蜀道之艰难，诚如李白诗所云："危乎高哉！蜀道之难，难于上青天；西当太白有鸟道，可以横绝峨眉巅；地崩山摧壮士死，然后天梯石栈相勾连。"画面山峦层叠而起，山势崔嵬奇险，栈道盘曲于山腰，时隐时现，沟壑以危桥相连。隆冬时节，千山覆雪，万木凋零。客栈座落山坳之中，庙宇稳于林峦深处。天空乌云压顶，与危峰相接，正是"连峰去天不盈尺，枯松倒挂倚绝壁。"客栈中歇脚的旅客，享受短暂的温暖，即将踏上艰苦的旅程。栈道之中，木桥之上，行旅之人躬背缩腰，或乘马骑驴，或倚杖徒步，艰难行进。

作者以北宗山水的表现手法，勾出山石轮廓，略加皴点，用淡墨渲染暗处，留白表现积雪的感觉，林木屋宇，依山形而造势，虚实相映，表现出冬季意境荒寒之感。所绘人物驴马，生动刻画出寒冷艰苦环境中的人物、动物的体态特征，与画面意境完美融洽，营造出一种人与自然相抗争而又互相依存的生动画面。画题隶书"峨眉积雪"，款识"丙午春日写似梅翁老先生，叶雨"。钤印"叶雨私印"（朱文）、"润之氏"（白文）。

（张忠诚）

# 清吴宏山水图轴

尺寸：纵 146.7、横 62.4 厘米　　质地：绢本

　　吴宏（1615~1680年），一作弘，字远度，号竹史、西江外史。江西金溪人，移居江宁（今南京）。吴宏幼好绘事，自辟蹊径。顺治十年（1653年），曾渡黄河，游雪苑，归而笔墨一变，纵横放逸。画作大多取材于自然景物及仰慕的桃花源仙境，构图疏密相间，气势雄阔。与龚贤、高岑、樊圻、邹喆、叶欣、胡慥、谢荪合称为"金陵八家"，在八家中画风最为粗放，浑融无际，任凭想象，景色细致苍郁，充满了生活气息。偶作竹石，亦有水墨淋漓之致。周亮工赠诗云："幕外青霞自卷舒，依君只似住村虚，枯桐已碎犹为客，妙画通神独亦予。"

　　此图以中锋写树木、房屋，以侧锋皴山石。水墨烘染，明暗向背自成，水光云气自生，颇有生意。笔墨挺健，景致高远，具有浓厚的写实风格，为吴宏之佳作。画中款识"壬子嘉平拟元人墨法于长安旅舍，西江吴宏"。

（李芳芳）

# 清高岑山水图轴

尺寸：纵 67.9、横 27.6 厘米　　质地：纸本

　　高岑（1621~1691 年），字善长，又字蔚生。杭州人，居金陵（今南京）。高阜弟，为"金陵八家"之一。善山水及水墨花卉，写意入神。早年学朱翰，后学蓝瑛，所画平实，晚乃以己意行之。

　　此图笔墨严谨劲秀，披麻皴画山石，淡墨渲染。峰峦峻峭而上，巍峨高耸，奇峰突起，雄伟险峻。峰巅巨石嶙峋，连绵迭起，层次分明。老树挺拔，枝条丫杈，萧瑟静逸，密而不乱，树枝间以墨点叶，稀疏错落，带有秋天之寒意。石壁下茅舍若隐若现。纵观整个画面，气韵浑成、用笔洁净、落墨有致、墨色润泽，空明静雅，古淡清幽。款识"庚戌冬仲月写江贯道笔似立庵道长翁正之，石城高岑"。钤印漫漶不清。

（王晓妮）

庚戌冬仲月寫江貫道筆以
立庵道長翁正
石城高岑

# 清查士标临溪赏峰图轴

尺寸：纵 127.5、横 40.7 厘米　　质地：绢本

　　查士标（1615~1698 年），字二瞻，号梅壑散人、懒老。新安（今安徽歙县、休宁）人，流寓江苏扬州。明末秀才，清初著名画家、书法家和诗人。家富收藏，故精鉴别，擅画山水，为海阳四家之一。与孙逸、汪之瑞、弘仁一起被称为"新安四家"。

　　此图描绘一溪两岸山峰耸立，零散树木点缀其中，有小桥联通两岸，近处岸边树木高耸，高士驻足树下抬头仰望，似乎在欣赏远处山峰。构图简洁，笔墨疏简，气韵孤寂，淡远儒雅。多以侧锋行笔，线条精细处颇苍劲，富有变化和表现力。款识"戊午冬日画于邗上待雁楼，查士标"。钤印"二瞻"（朱文）、"游戏"（朱文）。

（曲菲）

# 清诸升涧石筼笪图轴

尺寸：纵206.5、横101.7厘米　质地：绢木

诸升（1617年~？），清代画家，字日如，号曦庵。仁和（今杭州）人。善画竹石，师鲁得之，笔墨劲力匀整，所绘雪竹尤佳。

画面青竹三竿，摇曳生姿，挺然而立，直插青霄。用笔挺劲爽利，墨色清雅，前后疏密有致，尽显高风亮节之态。细竹秀美劲拔，竹枝清疏，竹叶萧散。所绘竹叶用笔爽劲，笔致灵活，或为"个""分""介"字三形组合，或为落燕、惊鸿之姿，杂然一体，墨点点缀，潇洒蓬勃，卓然生韵。湖石山坡线条变化丰富，略加皴染，点苔灵活生辣，意趣清醇质朴。泉水蜿蜒而下，潭水波光粼粼，线条流畅，清净悠然。作者善用淡墨渲染背景，烘托出晓雾晨烟般的朦胧意境，增添情趣感。淡烟迷蒙，谷壑幽深，曲水清音，白石灵秀，翠竹清虚高节，竹叶临风萧瑟，颇有"主家阴洞细迷雾，留客夏簟青琅玕"的诗境。画中款识"辛未春日写於墨纵堂，七十五叟诸升"。钤印"诸升之印"（朱文）、"字日如"（朱白文结合）。

（张忠诚）

# 清王翚采菱图轴

尺寸：纵 112、横 54 厘米　　质地：绢本

　　王翚（1632~1717年），字象文、石谷，号臞樵、天放闲人、雪笠道人、海虞山樵、清晖主人、乌目山人、耕烟外史、清晖老人、耕烟老人、耕烟散人、剑门樵客。江苏常熟人。清代著名画家，擅山水。主张"以元人笔墨，运宋人丘壑，而泽以唐人气韵"，被称为"清初画圣"，与王时敏、王鉴、王原祁合称"四王"。在清代被视为画之正宗，称其为"虞山派"。

　　菱为夏华秋实的水生植物。画中人物各驾小舟，采菱湖上。近处坡上，三四疏柳，几株枯树，已是秋深菱熟时节。远山不高，坡陀连绵，极尽江南水乡之美。石谷此作以平远与高远相结合的布局方法展开，构成了清丽明快，松秀润泽的笔墨基调。前景的数株大树顾盼生态，俯仰朝揖。树身不做苍劲老硬，而运用浓淡结合的笔墨写出，枝柯浓淡迭交而层层相映，突出了水乡的特色。树下土坡、岸沙并呈横列展开。菱叶菱花疏疏密密地漂浮于水面，几支小舟荡漾其间，使画面平添一种动感，恰是一派江南水乡的深秋景色。画中款识"采菱图，傲松雪道人笔，辛巳十月既望海虞王翚"。钤印"耕烟外史"（朱文）、"年已七十矣"（朱文）、"西爽"（朱文）、"王翚之印"（白文）、"石谷"（白文）、"宝轴时开心一洒"（朱文）。

（李芳芳）

米菱畫
倣松雪道人筆
辛巳十月既望海虞王翬

057

# 清王撰层峦烟霭图轴

尺寸：纵 177.3、横 45.2 厘米　质地：绢本

　　王撰（1623~1709 年），字异公，一字大年，号随庵、随老人、揖山居士、随叟。苏州府太仓（今属江苏）人。王时敏第三子，书画得家传，娄东十子之一。

　　画面布局高远，层峦叠翠，云笼雾罩，房舍屋宇点缀于山坳林间，飞瀑高悬，溪水潺潺，于山下汇集成潭。画中题识点明用高克恭法，然笔墨格局却不尽相同，除气息沉厚、云山润泽之外，余者多从王时敏画法中来。画家虽年逾八旬，犹笔墨厚重饱满，苍郁腴润，实属难得。画中款识"层峦烟霭图，用高房山笔法，八十三老人王撰"。钤印"王撰之印"（白文）、"随庵"（朱文）。

（张忠诚）

屠赤水煙露圖
用高房山筆
清八十二夫人王瑞

# 清俞龄秋狝图横轴

尺寸：纵 34.9、横 238.5 厘米　　质地：绢本

俞龄，字大年。杭州人。清代画家。工山水、人物。画马如得曹、韩心传。至图写凡兽，精神骨相尤妙。

作品描绘满清旗人秋狝围猎的场景，故事情节生动、激荡、紧张、丰富。有骑射者，有架鹰者，有持火铳者，有操猎叉者，亦有下马小憩者……战马飞奔，野兽惊骇，猎犬狂吠，生动再现了满族人秋闱的生活习性和民族特征。画面用中国画独有的散点透视法平行展开，巧妙地以岩石山丘为间隔，组成若干个动人心魄的狩猎场景。笔法细腻，造型生动、准确。人物彪悍智勇，战马气势奔腾，野兽惊慌失措，均表现得淋漓尽致。作者深厚的造型功底、卓越的艺术表现力和细致的生活洞察力由此得以充分体现。画中款识"辛巳冬日写，安期俞龄"。钤印"俞龄印"（白文）、"大年氏"（朱文）。

（曲菲）

# 清唐英鲤鱼图轴

尺寸：纵 163.9、横 89.5 厘米　　质地：纸本

　　唐英（1682~1756 年），清代陶瓷艺术家，能文善画，兼书法篆刻且又精通制瓷。沈阳人，隶属汉军正白旗。1728 年奉命兼任景德镇督陶官，在职将近 30 年，先后为雍正和乾隆两朝皇帝烧制瓷器。

　　此图描绘了两条鲤鱼跃出水面、穿风搏浪的激烈场景。"鲤鱼跃龙门"常作为对平民通过科举得以高升的比喻，寓意吉祥。画面上方的鲤鱼肥大雄壮，刚健有力，从水中一跃而起。右下角的鲤鱼向上张望，跃跃欲试。周围波涛澎湃，浪花滚滚，营造出一派紧张激荡的气氛。该画作属于细笔水墨画，采用"S"形构图，优美而富有活力和韵味，同时还有力地表现出其场景的空间感和深度感。画面款识"雍正癸丑仲秋月写于昌江陶署之珠山，沈阳唐英"。钤印"唐英之印"（白文）、"俊公"（朱文）。

　　唐英是清代著名的督陶官，对清代官窑瓷器的开拓和发展贡献巨大，因其传世作品稀少，绘画成就却罕有人知。此作品是研究唐英的绘画极其重要的实物资料，异常宝贵。

（孙纬陶）

063

# 清陈衡雪峰行旅图轴

尺寸：纵 82.5、横 45 厘米　　质地：绢本

陈衡，清，字璇玉，号东畴，一作东皋。善山水，摹仿宋元俱妙。

画面上，深谷大川，山路蜿蜒，涧水潺潺，林木或疏或密，木桥横跨，茅屋宫观散列谷间，人物或行路、或休憩，诸景紧密相连，互相点缀，相得益彰。画面可以分为三部分：最远处似是深山古刹，坐落在峰底平坦处，松林中依稀有行进的旅人；中间是亭落，两个村人相谈甚欢；近处两人，或骑行或徒步，风尘仆仆，行进在涧水上的小桥上。溪、桥、屋宇把人与山川紧密地融合在一起，有了人物的活动，山川的荒凉感就被打破了，也给寒冷暗淡的冬景增添了许多生气。画面山石以勾勒为主，略加皴点，以淡墨渲染出积雪，大面积留白表现雪景，山石树木绘画风格与蓝瑛近似。款识"己酉秋仲仿王右丞笔致，东畴陈衡"。钤印"陈衡之印"（朱文）、"璇玉"（白文）。

（曲菲）

己酉秋仲倣王右丞筆法

東澥陳衞

065

# 清章声夏山烟霭图轴

尺寸：纵 192.8、横 90.7 厘米　　质地：绢本

　　章声，清，生卒年不详，字子鹤。钱塘（今浙江杭州）人。章谷次子，章采弟。画能绍父艺，父子俱名噪西泠。善画山水，笔墨严谨工细，结构气势雄伟，宗法五代荆浩、关仝而无宋元以来婉媚之习。

　　整幅画作以重墨勾画轮廓，淡墨加以渲染，草木蓊郁，山峦连绵，云雾迷蒙，大气湿润，蓬勃山间。近景以草木为主，树干挺拔，树叶繁茂，生机盎然。由近及远是连绵而耸立的山峰，直插云霄，四周环绕的烟雾仿佛天界仙境一般。观者自山下而望山巅，似乎要忘却凡尘俗世，得道成仙。款识"法董北苑笔意，章声"。钤印"章声之印"（朱文），另有一印模糊不清，无法辨识。

（曲菲）

法華地花
筆意　章【印】

067

# 清邹一桂三春图轴

尺寸：纵 104.8、横 46.2 厘米　　质地：纸本

　　邹一桂（1686~1772 年），字原褒，号小山，晚号二知老人。江苏武进（今江苏省常州市）人。清代官员，画家。雍正五年二甲第一名进士，授翰林院编修，历官云南道监察御史、贵州学政、太常寺少卿、大理寺卿、礼部侍郎，官至内阁学士。擅画花卉，学恽寿平画法，风格清秀，间作山水，著有《小山画谱》《大雅续稿》。

　　邹一桂是一位注重艺术创作实践的画家，他通过养花并观察其细节，因此作品生动自然、有笔有意。此三春图，即海棠花、紫藤和兰花三种在春天开放的花卉。画面主体是一大枝的海棠，有的已然盛开、有的含苞待放，三五成群，遥相呼应，颇有情调。海棠左下是一枝迎风摇曳的紫藤，旁边还有绽开的兰花。整幅作品用笔轻快疏秀，设色淡雅清丽，花之媚，叶之柔，充分表现了三春的独特魅力。花朵以粉笔染色，点出的花蕊极具立体感。枝叶先用细笔勾勒轮廓，再通过颜色的浓淡来变现其正反、老嫩和层次。画中所钤"派接徐黄"印的"徐、黄"，分别指五代时期著名的花鸟画家徐熙和黄荃，世人用"徐熙野逸、黄荃富贵"来评价两种不同的艺术风格。作者笔下的三春图，神态逼真而不呆滞，不刻意求工、求似，唯求自然天趣，揭示出平淡超逸的审美意趣，正是融合"徐、黄"之风的真实写照。画面题跋"嫩香微雨湿胭脂，数朵莹莹欲语时。约略玉堂清景在，月明灵鹊上高枝。秋凉雨霁爱试笔彩，时年六十有九，让乡邹一桂"。钤印"臣一桂书画"（白文）、"派接徐黄"（朱文）。右下角有"砚田农"白文闲章。

（宋松）

嫩香微雨溫朋脂數朵盈盈欲語時約畧
玉堂清景在月明靈鵲上高枝

秋凉雨霽爰試筆彩時年六十有九
瓖鄉鄒一桂

# 清李世倬独步图轴

尺寸：纵 91.3、横 40.7 厘米　　质地：纸本

　　李世倬（1687~1770 年），字天章，一字汉章、天涛，别号十石居士、太平拙吏、伊祁山人等。奉天（今辽宁沈阳）人，一作三韩（今内蒙喀喇沁旗西南）人。高其佩（1672~1734 年），外甥。隶籍汉军正黄旗。官至副都御史，曾任太常。善画山水、人物、花鸟、果品，各臻其妙。又喜指画，得其舅父指点，善作人物、花鸟小品，以焦墨细擦，颇得轻重浅深之致。

　　画面主体为一只单脚站立的雄鸡，挺胸回首，若有所思。其肢体健硕，羽毛丰满，尾翼张扬。雄鸡上部有两只展开的菊花映衬，颇有趣味。作品构图洗练，雄鸡、菊花和题字三种组合元素构成了一幅完整的画面，看上去简约大方。该作品用笔多渴笔干擦，仅仅局部少量渲染，颇有苍茫气势。鸡爪、鸡嘴、菊枝挺拔刚劲，力度十足。雄鸡除了尾部的其他羽毛用小笔勾勒，看上去蓬松丰满。墨色上，浓墨所占比重较大，局部淡墨渲染，故浓淡相宜，野趣十足。题跋"宋元人之画鸡者，乃题为寰中独步。又有三公图、封公图，皆假名以作颂祷，此又为独步可耳？一笑。李世倬"。钤印"世倬"（朱文）、"伊祁山人"（白文）。

（宋松）

宋元人之畫鷄
者乃題其裹於
楷少又有三五圖村
出圖皆偶在八作此
蒿必為楷少三年
一喚
李世倬

071

# 清方士庶山水图轴

尺寸：纵 198.4、横 57.5 厘米　　质地：纸本

　　方士庶（1692~1751 年），字循远，一作洵远，号环山，又号小狮道人，一作小师道人。清代画家。能诗善画，书法严密端秀，绘画笔墨敏洁灵秀，气势跌宕飞动，谓之为王原祁后山水第一。

　　这幅作品构图高远、清旷，开合起伏俨然有法，疏密浓淡自然合度。画面坡石平淡，林木清疏，曲径蜿蜒，渔舟泊岸，小桥横水，屋宇隐然，丘壑清幽，湖水淡远，山岩雄奇，峰峦壮观。用笔坚凝松秀，不腻不滑，苍古有力，繁中求简。墨色层层深入，温厚含蓄，清透华滋。从表现技法来看，近景坡石林木有董源的气息，远山则受北宋山水画的影响，融南北宗技法于一炉，和谐古淡，元气淋漓。款识"环山方士庶戊午十一月写"。钤印"士庶"（白文）、"洵远"（白文）。整幅作品气韵清醇，疏淡清寂，有浓厚文人士气。

（张忠诚　曲菲）

嘗見常熟錢復墨筆掛幅氣味清
醇有士大夫氣因依其布置為之復
乃明武宗時人清逸不羈作畫專師北
苑者
環山方士庶戊午十一月寫

# 清金农古佛图轴

尺寸：纵 116.8、横 47.4 厘米　　质地：绢本

　　金农（1687~1764 年），字寿门，自号冬心先生，又号稽留山民、曲江外史、昔耶居士等。杭州人，时来往扬州间。工诗古文词，乾隆元年荐举博学鸿辞科，未就。书法富有创新意识，墨浓如漆，兼有楷隶体势，尤为奇古，时称漆书。五十岁后始作画，善画竹、梅、人物、佛像，风格别具，不落寻常蹊径，是"扬州八怪"的核心人物。

　　金农晚年喜作佛像，自称"吾亦如来最小弟"。此古佛图，佛像着红色袈裟，面目安详，双耳垂肩，双臂合于胸前，一臂坦露。佛像面目法像庄严而平静，以高古游丝描写之，线条细柔轻畅。发髻线条粗拙细密，施以佛头青色。衣纹长线多波折，下笔顿挫起伏，略显虬曲，用笔之法与其书法同出一辙。佛衣设朱砂色，古雅沉静。金农的佛像融入了他对宗教的情感，生拙的笔意、沉静的格调与其虔诚的情感相交融，表现出静谧的禅意。佛像左右各有长题，左题《古佛颂》，右题其为援鹑居士写《金刚经》，刻版拓印流传海内外之事，以及希望此佛像被敬奉者摹刻上石，广为流传的想法。书风古拙端庄，静谧奇肆。这段文字，充分说明了金农本人对这件作品的高度认可和对自己佛经书法的自信，为金农佛像的难得佳作。张伯驹先生赞曰："烟台地区博物馆收藏书画丰富，昔久闻有天下第一金冬心佛像轴，但不知所在，今乃于此见之。其他书画亦皆真精之迹，老年获此眼福，诚幸事也。"此语中关于金农佛像的记述，更加印证了此图在金农佛像作品中的地位和艺术价值。

（张忠诚）

十五年前曹為援鶉居士寫金剛經一卷居士刻之棗木精裝千本喜施天下名藍禪林與伐那婆斯尊者貝葉之書爭光也即外域遐方若高麗若日本若暹羅若琉球若安南諸國以及少瓊島大西洋皆附海舶遠行散布之地無不知中華有心出家盦粥飯僧之柔翰美今年又畫佛畫菩薩畫羅漢將俟世之信心敬奉著鐫摹上石一如寫經之流

傳云七十四叟杭郡全農記

七池無往華雖樹雙雙樹無暴禽中有道場精進林雪山白牛日食草其糞合香為佛寶呂此塗地香不了長者居士與尊師各具智慧千人俱多樂少苦功德施童男無墻復洗墻墻內舍利一百八青淨耳聞諸天樂昔傳佛在師子城說法無量

度眾生能使前棘柔頓汰礫咸光明

古佛頌

蘇伐羅吉蘇伐羅越日又書于揚州僧舍

# 清李方膺三友图横轴

尺寸：纵 40.7、横 143.4 厘米　　质地：纸本

李方膺（1695~1755 年），字虬仲，号晴江，别号秋池、抑园、白衣山人等。江苏南通人。早年为官，刚正不阿，廉洁爱民，曾任乐安县令、兰山县令、潜山县令、代理滁州知州等职，后因遭诬告被罢官，后寓南京借园（自号借园主人），常往来扬州卖画。与李鱓、金农、郑燮等往来，工诗文书画，擅梅、兰、竹、菊、松、鱼等，注重师法传统和师法造化，能自成一格，其画笔法苍劲老厚，剪裁简洁，不拘形似，活泼生动，为扬州八怪之一。

该作品作于乾隆元年，即 1736 年，为李方膺晚年精品之一。画面描绘了松、竹、梅三种傲凌风雪、不畏霜寒的植物。左侧是一株苍劲古茂的松树，主体部分是粗壮的树干，几笔松针简单不乏气度。梅树

位于中间偏右位置，老干新枝，欹侧蟠曲，造型瘦硬奇古，几点梅花含苞待放。松、梅之间有两丛翠竹，杂而不乱，挺劲有力。此《三友图》用笔老辣，松树、梅枝中锋劲出若篆若籀，有戛金凿玉之力，局部侧锋大笔皴擦；竹叶灵动轻盈、一挥而就，画面一派生机，无尽野趣。整幅作品水墨苍润淋漓，浓淡兼施，层次分明，虽是冬日之景，看上去依然富有生机。宋元时期的三友题材作品多清新隽秀、笔墨精致，而李方膺的这幅作品则不拘小节，以纵横豪放的笔墨表现其傲骨凌寒的精神气度，颇值得品味称赞。画面题跋"乾隆元年写于古琅琊，晴江李方膺"。钤印"晴江的笔"（白文）。

（宋松）

# 清高凤翰仿樊圻山水图轴

尺寸：纵 104.9、横 44.8 厘米　　质地：绢本

　　高凤翰(1683~1749 年)，胶州大行高氏二股十一世。清代画家、书法家、篆刻家，"扬州八怪"之一。又名翰，字西园，号南村，又号南阜、云阜，别号因地、因时、因病等 40 多个，晚因病风痹，用左手作书画，又号尚左生。山东胶州三里河村（今山东青岛市胶州市）人。雍正初，以诸生荐得官，为歙县县丞，署绩溪知县，罢归。性豪迈不羁，精艺术，画山水花鸟俱工，工诗，尤嗜砚，藏砚千，皆自为铭词手镌之。有《砚史》《南阜集》。

　　作者工书，善山水、花卉。纵逸不拘成法，以气势取胜。画面中巍巍高山环绕，小溪延幽谷蜿蜒而下，长瀑挂于峭壁之上。山坡上数棵古树苍郁如盖，水榭隐于山坳之中，一种美轮美奂的自然景色展现在众人面前。作品用笔工细，皴法细密，风格劲秀清雅。模仿樊圻的技艺而有自家的面目。款识"樊会公作画笔节甚短，雅能于繁碎中具萧散意。此幅略用其法，石鳌馆主人"。钤印"凤"、"翰"（白文）。

（李芳芳）

樊會公作畫筆每甚簡雅能于
無筆處見蕭嚴氣少悟此用空
法石谿破主人

# 清郑燮兰石图横轴

尺寸：纵 66.5、横 90.6 厘米　　质地：纸本

郑板桥（1693~1766 年），名燮，字克柔，号理庵，又号板桥，人称板桥先生。清代书画家、文学家。康熙秀才，雍正十年举人，乾隆元年进士。官山东范县、潍县县令，政绩显著，后客居扬州，以卖画为生，为"扬州八怪"重要代表人物。郑板桥一生喜画兰、竹、石，自称"四时不谢之兰，百节长青之竹，万古不败之石，千秋不变之人"。其诗、书、画，世称"三绝"。

此《兰石图》是郑板桥赠去泰安赴任的友人之作。题句云："泰山高绝苦无兰，特写幽姿送宰官。石缝峰腰都布徧，一团秀色仅堪餐。"题款"恺亭高六弟之任泰安，板桥同学愚兄郑燮作此奉赠，乾隆已巳"。钤印"橄榄画轩"（朱文），另有收藏印"栖霞山人张氏珍藏"（朱文）、"桐冈真赏"（白文）二方。

画面山石之上，数丛幽兰散逸而生。板桥画石之法极有特色，以淡墨折笔勾勒，中锋侧锋转换，略加皴擦，不用苔点，只关键处着笔，留有大量空白，白石挺劲之感立生纸面。兰花聚散有法，相互掩映，兰叶穿插自然生动，用笔灵活，看似不经意，却是妙趣横生，幽淡的兰花散落其间，笔墨虚灵，淡雅生香。题字横贯画面上方，楷、隶、行不拘一格，典型的"六分半"书，字形或横扁或瘦长，楷中有隶，行中带草，大小参差，呈乱石铺街之势。作品书画一体，布局新颖，笔墨洒脱，气韵生动。乾隆已巳年为 1749 年，值板桥在潍县任上，此画是其在山东为官留下的作品。

（张忠诚）

泰山真絕蘗蘭芝寫畫婆娑送宰官峰巒石縫編一郡借閣秀色儘容兩澄字六中三佳泰安枝枒才学恩名鄭燮作此奉贈

081

# 清华嵒幽鸟弄音图轴

尺寸：纵 135.8、横 36 厘米　　质地：纸本

　　华嵒（1682~1756 年），一作华岩，字德嵩，号白沙道人、新罗山人、东园生、布衣生等，老年自喻"飘蓬者"。福建上杭人，后居杭州。擅长画人物、山水、花鸟、草虫，为清代著名画家。

　　华嵒的花鸟作品通常以生趣取胜，而不是以寓意或是遣情。其作品里表现的既非沈石田的文雅蕴籍，也非恽南田的神仙之想，更非八大的抒写自我，而是一个出身农村、卖画城市、热爱生活的画家丰饶多彩的生活趣味，也正因为如此才引起更多观画者的共鸣。此作品自右下延伸画面上部是干枯的斜枝，仅存的几片树叶在风中摇曳，一只画眉站立在探出的小枝上，昂头鸣啼。粗枝旁边是几枝翠竹，略显萧瑟。枯枝、翠竹、画眉三种元素组合在一起，其实是田园中最常见场景的真实写照，华嵒的作品也恰好立足在这种在普通且自然的题材之上。在用笔上，画眉以枯笔散锋撕刷毛羽，看上去具有蓬松感，笔法细腻，虚灵但极为传神。其他的枝叶、竹子用笔略微粗狂，写意风格明显。两种笔法互相搭配，相得益彰，进而使整幅作品机趣天然、回味无穷。正如前人评价华嵒作品"笔意纵逸骀宕，粉碎虚空，种种神趣，无不领取毫端，独开生面，真绝技也。"画中题跋"咬咬幽鸟，盼俦寻音。丙寅春写于解弢馆，新罗山人"。钤印"华嵒"（白文）、"秋岳"（白文）。

（宋松）

# 清黄慎采茶翁图轴

尺寸：纵 137.1、横 64 厘米　　质地：纸本

黄慎（1687~1772 年），初名盛，字恭寿，恭懋，躬懋，菊壮，号瘿瓢子，别号东海布衣。福建宁化人，侨寓扬州。工诗，善草书，擅画人物、花卉，格调狂纵。其诗、书、画被称为"三绝"，扬州画派的代表人物之一。

图中绘一老翁，手提竹篮，舒衣广袖，头戴方巾，长髯垂胸，气宇不凡。画面左上方题草书七言诗一首："采茶深入鹿麋群，自剪荷衣渍绿云。寄我峰头三十六，消烦多谢武夷君。"款识"黄慎"。钤印"黄慎"（朱文）、"恭寿"（白文）。

黄慎善以草书笔意入画，图中人物面部勾画精准而笔意疏淡灵活，笔法娴熟自然。头巾笔墨豪放而提按起收，笔法连续，一气呵成，如作狂草。衣纹长线松畅自然，笔墨粗细、浓淡随机而变，看似放逸无序，实则收放有法，准确地表达出衣纹的结构和人物的内在气质特征。黄慎草书极具特色，他克服了前人草书牵丝连绵过多的写法，着眼于通篇结构上的疏密、断续、顿挫，墨色上的枯润、浓淡的处理，达于整体气势上的先声夺人。此画意境高古，笔墨畅达，书画同法，可谓难得之佳作。

（张忠诚）

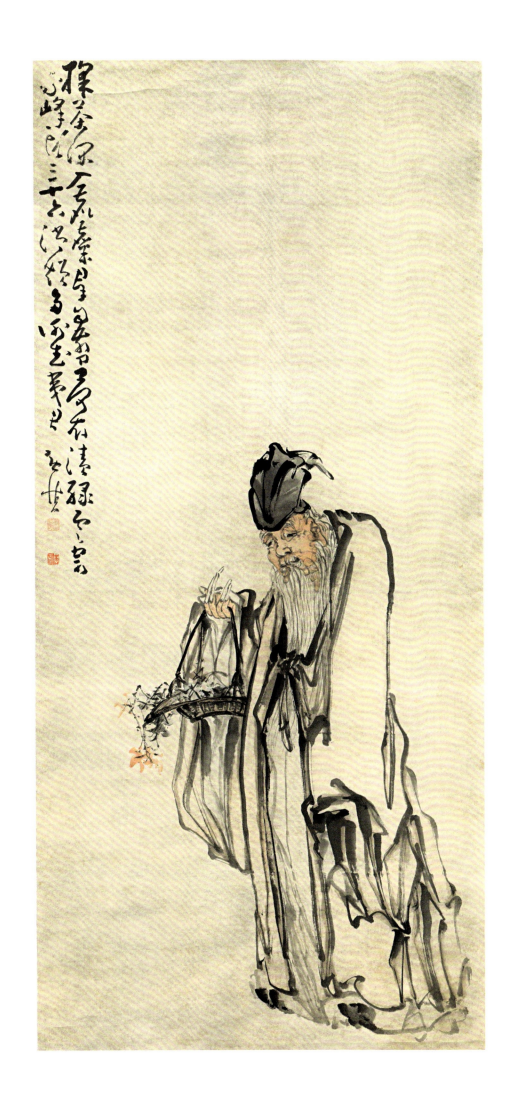

085

# 清李鱓藤萝黄鸟图轴

尺寸：纵 175.4、横 93.2 厘米　质地：纸本

　　李鱓（1686~1756 年），字宗扬，号复堂，别号懊道人、墨磨人。江苏扬州人。清代画家，"扬州八怪"之一。乾隆三年出任山东滕县知县，因得罪上司而罢官，后居扬州卖画为生。李鱓曾随蒋廷锡、高其佩学画，后受石涛影响，善画花卉、竹石。早年供奉内廷，画风工细严谨，中年画风始变，转入粗笔写意，挥洒泼辣，气势充沛，对晚清的花鸟画有较大的影响。

　　画中芍药妖娆，花开烂漫；奇石矗立，灵秀苍古；藤萝低垂，盘曲含英；黄鸟飞入藤间，俯首振翅，陶醉春光。作品款识"乾隆七年暮春，写于华不注山房，复堂懊道人李鱓"。钤印"鱓印"（白文）、"宗扬"（朱文）。作品笔墨活脱，颇为肆意，线条轻盈流畅，不计工拙，芍药摇曳生姿，奇石厚重生辣，藤萝缠绕伸展，无不表现得淋漓尽致。此画笔墨纵逸，设色淡雅，轻松畅快，情韵勃发，表现出作品独特的艺术魅力。

（张忠诚）

乾隆七年莫春寫於華不注山房
憂空懶道女李鱓

087

# 清罗聘筠圃先生独立图轴

尺寸：纵 84.5、横 38.6 厘米　　质地：纸本

罗聘（1733~1799 年），字遯夫，号两峰，又号衣云、花之寺僧、金牛山人、师莲老人等。祖籍安徽歙县，其先辈迁居扬州。清代画家，"扬州八怪"之一。为金农入室弟子，布衣，好游历。人物、佛像、山水、花果、梅、兰、竹等，无所不工，笔调奇创，超逸不群，别具一格。善画《鬼趣图》，画鬼态无不极尽其妙，借以讽世。亦善刻印，著有《广印人传》。金农死后，他搜罗遗稿，出资刻版，使金农的著作得以传于后世。《清史稿》称罗聘"画无不工"。

该画作属水墨人物画，画中描绘一长髯老者捋须缓行的场景。画中老者神态安详，双目直视前方，似乎有所思悟。老者身着长衫，腰束绸带，脚踏麻履。衣纹线条流畅遒劲，用笔放松，人物神态刻画生动，姿态结构定位精准，是难得的描绘人物形象的佳作。画面右上方题"独立图"三字隶书，署款"筠圃先生属，两峰罗聘写照"。钤印"罗聘私印"（白文）、"遯夫"（白文）。左上方有长题，文字多有残损，不能成句，钤印"罗"、"聘"（双联朱文）、"两峰"（白文）。

（孙纬陶）

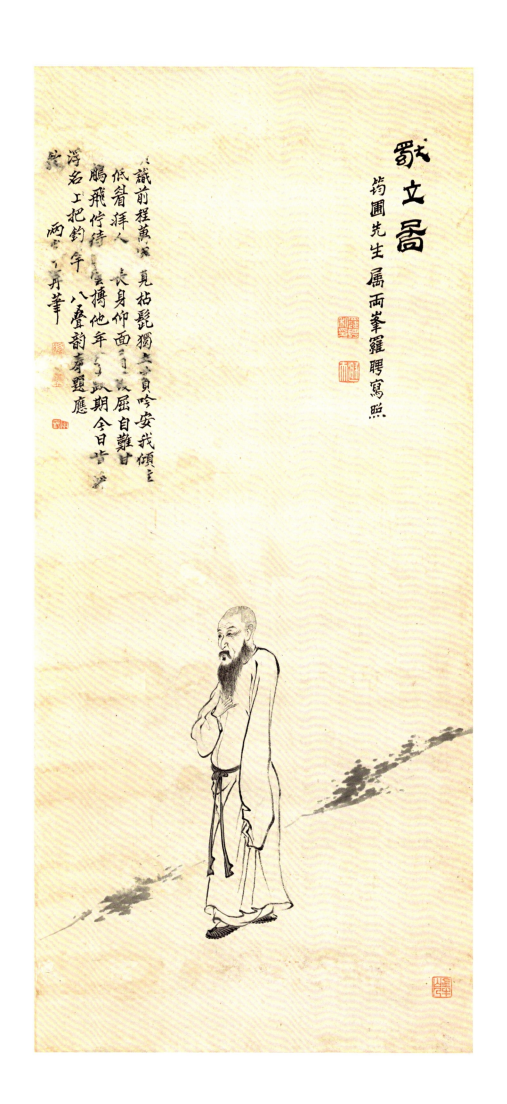

戴立圖

筠圃先生 屬兩峯羅聘寫照

八識前程萬里 覔枯髭獨立負吟安我傾
低眉拜人 長身仰面一味屈自難甘
鵬飛佇待 雲搏他年為此期今日豈無涯
浮名工把釣牛 八疊韻壽題應
浮名工把釣午 兩峯 [印]寫筆

# 清乾隆御览耕织图册页

尺寸：纵 18、横 19 厘米　　质地：绢本

　　《耕织图》主要描绘了我国古代作为农耕民族最为重要的两项生产活动——耕作、蚕织的详细步骤，为劝课农桑所用。据记载，其最早出现于南宋，由南宋楼璹在任于潜县令期间绘制。至清代，各种版本的《耕织图》颇为兴盛，因受帝王重视，当时不少供奉内廷的画师都对其临摹、重画过。其不同版本的内容数量有所差别，比较主流的版本一般耕图及织图各 23 幅，此套《耕织图》已失群，剩耕图 19 幅、织图 13 幅。其整体绘画风格简明爽快，构图饱满，用色淡雅，房舍、树木、农具等都刻画入微，细节丰富。各人物神态生动自然，表情传神，动作表现到位。各项生产活动的场景表现活泼有趣，通过人与人、人与物、人与环境之间的互动，清晰明确地表达出各步骤的主题。每幅图都根据描绘内容，题有乾隆御制七言律诗一首，部分图上端盖有"乾隆御览之宝"朱文大印，可谓是难得的宫廷藏品。

（孙纬陶）

浸種

浸種
氣布青陽造化功
化功東郊儼載萬方同
載萬方同溪
流浸種如油
綠生意含春
秀色籠

气布青阳造化功,
东郊俨载万方同。
溪流浸种如油绿,
生意含春秀色茏。

插秧

插秧
甫田萬井水淰淰
秧欲插時槐夏秋天氣
好及時樹藝莫教遲

甫田万井水淰淰,
拔得新秧欲插时。
槐夏麦秋天气好,
及时树艺莫教迟。

三耘

朱火炎炎日午長，
三耘曝背向林塘。
那無解慍傳風信，
天際微熏動綠芒。

三耘
朱火炎、日午
長三耘曝背向
林塘那無解慍
傳風信天際微
薰動綠芒

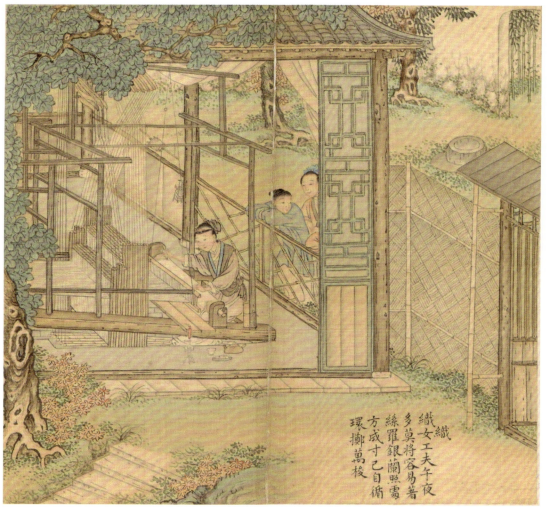

織

織女工夫午夜多，
莫將容易著絲羅。
銀蘭照處方成寸，
已自循環擲萬梭。

織
織女工夫午夜
多莫將容易著
絲羅銀蘭照處
方成寸已自循
環擲萬梭

染色

經緯功成尚染絲，晴
光萬縷燦離離。天工
奪處關人巧，棚上還
看五色施

成 衣

戈戈束帛费缝纫，
只为祁寒事切身。
圣主尤勤图画里，
宵衣永庇万方人。

成衣

戈戈束帛費絲紉，
為祁寒事切身。
聖主尤勤圖畫裏，
宵衣永庇萬方人
乾隆御製詩
臣張若靄敬書

乾隆御制诗 臣张若霭敬书

# 清严载山林隐逸图轴

尺寸：纵 193.4、横 59.2 厘米　质地：绢本

　　严载，清，生卒年不详。本名载，后作怪，字沧醋。四川华阳（今成都）人，客居松江（今属上海）。善山水，尤好奇境，兼长花鸟。

　　画面所绘溪岸坡石之上，乔松挺劲，古柏虬曲，盘根错节，嶙峋古茂。林间庐舍数间，内有高士静坐，神思淡然；桥上雅士漫游，谈经论道。屋后高峰耸立，雄壮奇伟。树木笔墨严谨，古雅庄肃，山石皴法层层深入，淡雅丰厚，人物线条简括，神采静逸。画风文雅朴茂，清隽静穆，表现出古代文人对山居生活的美好向往和憧憬。画中款识"甲午孟秋写，祝素翁老年台，严载"。钤印"严载之印"（白文）、"沧醋"（白文）。

（张忠诚）

甲午至秋寫祝
素翁老年臺
嚴戴

095

# 清董邦达山水图轴

尺寸：纵123.4、横55.4厘米　　质地：纸本

　　董邦达（1696~1769年），清代官员、书画家。字孚存、争存，号东山、非闻。浙江富阳人。雍正十一年进士，乾隆二年授编修，官终礼部尚书，谥文恪。好书、画，篆、隶得古法，山水取法元人，善用枯笔。其风格在娄东、虞山派之间。与董源、董其昌并称"三董"。

　　画面题曰："圆照初得董巨妙用，峰峦浑厚，草木华滋。晚乃师法造化，立格命意无矜奇取胜处，而寓闲适于奔放，藏阿娜于荒率，笔墨中皆神通游戏，传为得仙道无疑也。"此董氏对王鉴绘画的赞语，画中不乏对王氏绘画思想和技法的借鉴。苍松密林之间，屋舍错落，清溪环绕，曲径通幽，峰峦叠翠，远峰高踞，表现出一派清幽、沉静、和谐的山居画面，静闻天籁，清雅绝俗。作品山石用笔苍涩含蓄，朴厚而不失松灵。树木布白参差而散秀，密而不塞，静而有韵。线条皴点多以枯笔为之，苍厚古雅，静穆平和。画面多有留白，虚实相生，疏密得体，可谓佳作。作品款识"丁亥夏五望日，山东樵子董邦达谨识"。钤印"董邦达印"（白文）、"东山"（朱文）。收藏印"大梁鲍氏鉴赏"（朱文）、"蓬莱吴氏鉴赏"（朱文）、"汴京张氏鉴赏"（白文）、"辽东朱氏鉴赏"（朱文）、"河南陈氏珍藏"（朱文）、"簠斋赏鉴"（朱文）、"陶斋珍藏"（朱文）、"蓬莱高氏鉴藏书画记"（朱文）。

（曲菲）

圓照初得董巨妙用峯巒渾厚草木華滋瞬乃
師法造立根命意無一筆取勝要間適于
奔放藏珂娜于荒率筆墨中皆神通游戲人
傳為得仙道無顥此丁亥亥五望日
東山樵子董邦達謹識

097

# 清沈铨梅竹锦鸡图轴

尺寸：纵203.7、横105.8厘米　　质地：绢本

　　沈铨（1682~约1760年），字衡之，号南苹。浙江吴兴人，一作德新人。清代画家。工画花鸟，以精密妍丽见长，雍正九年（1731年）受聘往日本，留三年始归，其画作深受日本重视，学之者众。

　　此图白梅掩映，树杆蟠曲，转折穿插，错落有致。右侧古梅依寿石而生，上有天竺一簇，间有疏竹点缀，梅竹双清，古意盎然。画面下方坡石之上，一对锦鸡悠然自得，其色彩浓重，造型生动，与右上方的树石形成一种对角构图，使画面重心平衡。上方梅枝之间有白头翁一对，活跃画面气氛。此图画风远宗黄荃写生法，从明代院体脱胎而出，笔墨工致，赋色浓艳，渲染到位，勾勒精细，情态高贵典雅，体现出画者在写生方面的独到之处。画面款识"己酉仲冬浙西沈铨写祝"，款下钤印两方，惜残损不可辨别。

（张忠诚）

# 清王三锡峰岚竞翠图轴

尺寸：纵109、横45.2厘米　　质地：纸本

　　王三锡（1716年～？），字怀邦，自号竹岭。太仓人。清代画家。王昱从子，承家学，善山水，得其祖笔法，丘壑位置，不作寻常蹊径，运笔别致雅逸。亦喜作花卉及写意人物。其小册清丽可爱。与张墨岑齐名，游历名山，几遍天下，得其片纸，如获球璧。年八十余，尚喜遨游山水，长洲屠璇、穹隆道士李体德皆从之游。

　　画面布局高远，山峦叠翠，泉流萦绕，林木丰茂，屋宇隐然。山水得王昱法，运笔苍中带秀，亦别具雅韵。画面变化丰富，有着生活气息和真实感受。从摹古中脱出，形成自己特色，笔墨苍涩松秀，意象清雅。款识"峰岚竞翠，竹岭七十五叟太原王三锡"。钤印"王三锡印"（白文）、"怀邦"（朱文）、"烟云供养"（白文）、"从吾所好"（白文）。

（李芳芳）

峯嵐競翠

倣顥二十五叟太原王三錫

# 清袁桐梅花图轴

尺寸：纵 83.2、横 42.6 厘米　　质地：纸本

　　袁桐，清朝人，生卒年不详，活动于嘉道年间。字琴甫（一作琴圃），又署琴居士。杭州人。诗人袁枚之侄。能诗，工小楷、篆书，尤善隶法，下笔奇态类陈鸿寿；篆刻师钟鼎、汉砖，胎息甚古；金碧山水得仇英遗意，设色花卉雅韵欲流。

　　书法布局森密，点画沉着，结体舒朗，笔姿灵秀而显沉静。此作虽题学王元章法，而笔法、气韵与王冕大相径庭，皆以己意为之。梅花老干斜出，密枝繁蕊，气息苍古，静穆深沉，与金农略似。枝干笔墨苍厚，淡墨勾皴，浓墨点苔，沉郁静雅，树枝虬曲掩映，势缓而笔重。淡墨细笔勾花点蕊，填白色，冰清玉洁，聚散得法。作者善书篆隶，雅好金石，把这种浓厚的高古气息融于绘画之中，不求俏拔挺秀之姿，而富苍然浑朴之韵。画题："拟王元章梅花幅并书原诗。"画中录长诗一首。款识"道光丁酉十有一月呵冻作于都门金石寿金室，琴甫袁桐"。钤印"桐印"（白文）、"勤甫书画"（白文）、"半窗明月"（白文）、"金石刻画臣能为"（朱文）。

（张忠诚）

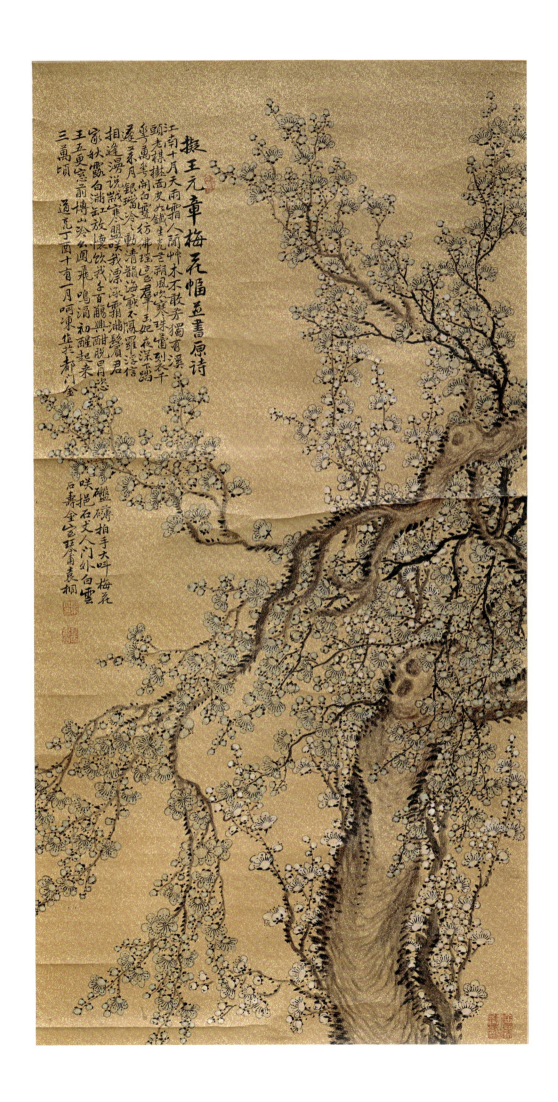

擬王元章梅花幅並書原詩

江南十月天雨霜，人間草木不敢芳，獨有溪頭老梅樹，面皮如鐵生蒼蘚。
疏花個個團冰雪，羌笛吹它冷香發，玉妃夜泣海西頭，裏被嬋娟照不歇。
遙看木末銀蟾冷，清夜漫漫羅浮信，相逢漫說歲崢嶸，菲予我漂泊嗟君病。
家秋觳白滿缸放懷飲我子百觴，醉脫帽露頂王五更，濃白滿缸放懷飲，鳳雛鳴消初醒起來，三萬頃。

礧礧磈磈拍手大叫梅花，一枝折石丈入門外白雲。

道光丁酉十有一月呵凍華其都汁金
石壽金山張若堂袁桐

# 清钱杜松下传道图轴

尺寸：纵 105.5、横 32.5 厘米　　质地：纸本

　　钱杜（1764~1845 年），初名榆，字叔枚，更名杜，字叔美，号松壶小隐，亦号松壶，亦称壶公。钱塘（今浙江杭州）人。清代中期著名画家和书画评论家。工诗文、篆刻，善画花卉、人物，尤工山水。

　　画中古松参天，挺秀劲拔，老柏森郁，奇姿虬曲，亭亭如盖，遮云蔽日。奇石斜倚，石台之上高人对坐，传经说法。石下流水潺潺，碧草茵茵。钱杜山水深得文徵明之法，线条稳健，笔墨静逸。松柏枝干，松涩含蓄，柏叶密集，纯以细点为之，疏密浓淡，不温不火，厚而透亮，繁而不腻。山石皴法，虚淡而充实，苔点浓密，尽显生气。人物以高古游丝描，古雅舒畅。水波纹细柔婉转，舒卷自如。设色淡雅，用小青绿加浅降，和谐自然。画风文雅凝重，沉静高古，尽显文人风骨。款识"种玉餐芝术不传，金丹下手更茫然，陶公妙诀吾曾受，但听松风自得仙。庚寅季秋摹文待诏意叔美钱杜"。钤印"钱卡美"（朱文）。

（王晓妮）

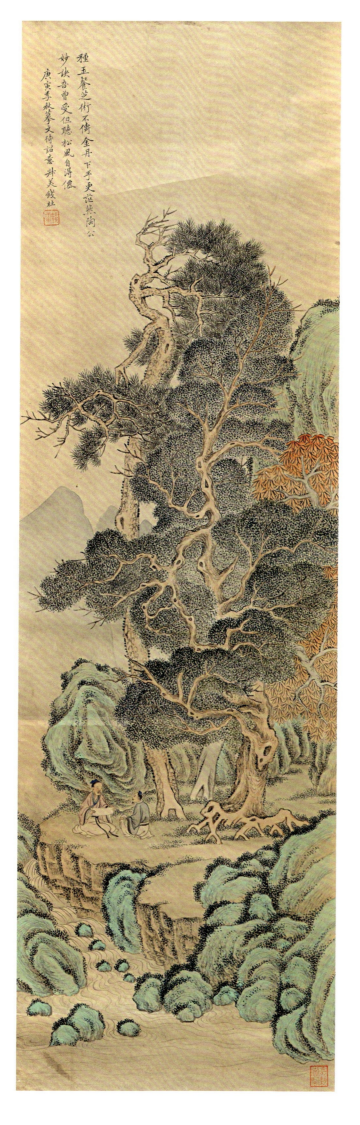

種玉餐芝術不傳　金丹下手更記樂陶公
妙訣吾曾受但聽松風自溥儂
庚寅季秋葵文待詔意升美錢杜

# 清姜葆元松鹤图轴

尺寸：纵180、横94厘米　质地：纸本

　　姜葆元，清，字石夫，号蓬莱山人。登州（今山东蓬莱）人。工水墨花卉、禽虫，生平最推重张敔，故其画笔亦颇近之。

　　松与鹤在古代皆是吉祥长寿之物，寓意松鹤延年。画面苍松荫郁，挺拔之感似昂首于天外，松下双鹤，一抬头望天，一俯首凝视，形态极为生动。作者以淡墨勾出鹤的身形羽翅，略加晕染，生动自然；重墨写出翅间黑羽和颈部，轻松明快；腿足以中墨写出，加重墨点出结构，挺劲有力；头、眼部分重点刻画，生动传神。以粗线勾皴一体表现树干，细线勾松针，淡墨渲染，古意盎然。以浅淡的墨色表现出坡石沟壑，山涧流泉，营造出清雅祥和的意境。款识"己亥桂秋葆元写于金陵客次"。钤印"姜葆元印"（白文）、"若天"（朱文）。

（曲菲）

# 清张熊白荷红蜓图轴

尺寸：纵 130.6、横 31.1 厘米　　质地：绢本

　　张熊（1803~1886 年），又名张熊祥，字寿甫，亦作寿父，号子祥，晚号祥翁、别号鸳湖外史、鸳湖老人、鸳湖老者、鸳鸯湖外史、西厢客，别署清河伯子，髯参军。室名银藤花馆。秀水（今浙江嘉兴）人。海派著名画家，擅花鸟，与任熊、朱熊合称"沪上三熊"。

　　此画荷叶用没骨法，施以淡墨厚积，渍墨形成变化，分出浓淡正反。荷花线条灵动，染色以白粉由瓣头渐入而成。芦草浅淡用墨，自然清疏。整幅画取荷塘一角，白荷盛开，上方盛开的白荷与下方静待开放的嫩蕊相映成趣，塘水清澈，水草飘动，一只飞入的蜻蜓给画面增添了许多趣味，呈现出荷塘一派生机蓬勃的景象。画面题句"白菡萏香初过雨，红蜻蜓弱不禁风"（陆放翁句），款识"鸳鸯湖外史张熊"。钤印"张熊之印"（朱白文结合）。

（曲菲）

白蓝荡荡香初过雨红蜻
蜓弱不禁风陆放翁省句
鸳鸯湖外史张熊

# 清任颐蜀葵鸡石图轴

尺寸：纵 136.3、横 63.7 厘米　　质地：纸本

　　任颐（1840~1896 年），清末著名画家。初名润，字次远，号小楼，后改名颐，字伯年，别号山阴道上行者、寿道士等，以字行。浙江山阴航坞山人。自幼随父卖画，后从任熊、任薰学画，后居上海卖画为生。任伯年是我国近代杰出画家，在"四任"之中，成就最为突出，是"海上画派"中的佼佼者，"海派四杰"之一。任伯年的绘画发轫于民间艺术，技法全面，山水、花鸟、人物等无一不能。重视写生，又融汇诸家法，并汲取水彩色调之长，勾皴点染，格调清新。

　　此作品注重写生，吸收水彩画的用水特长，勾勒、点簇、泼墨交替使用，远处山石挺拔硬朗，勾皴并用，点染灵活。旁边几株蜀葵鲜艳明丽，没骨画叶，勾勒为花，生机盎然。近处几只小鸡，水墨生动，生灵活现，趣味十足。款识"少文仁二兄大人雅正，光绪庚寅二月春分前五日山阴任颐"。钤印"任伯年"（白文）、"颐印"（白文）。

（曲菲）

111

# 清蒲华墨梅图轴

尺寸：纵 138.9、横 68.6 厘米　　质地：纸本

　　蒲华（1832~1911 年），字作英，亦作竹英、竹云，号胥山野史、胥山外史、种竹道人，斋名九琴十砚斋、九琴十研楼、芙蓉庵、夫蓉盦、剑胆琴心室等。浙江嘉兴人。晚清著名书画家，与虚谷、吴昌硕、任伯年合称"海派四杰"。

　　画中老梅倚石而斜生，粗枝繁蕊，布满画面，表现出顽强的生命力。虬曲的树干，以书法笔意的写出，墨色淡雅湿润，转折布势又具生拙趣味；花蕊则圈花点蕊，千姿百态，清冷出尘，体现了孤傲出群的意韵；山石简笔勾勒，大片湿墨铺出体量感，痛快淋漓。画面长题苏轼诗《再和潜师》，行草书笔墨蕴藉，粗头乱服，线条变化丰富，极具个性。款识"甲辰秋月写东坡先生诗意于种竹山房，胥山野史蒲华"。钤印"作英"（白文）、"蒲华诗书画印"（白文）。

（曲菲）

113

# 吴昌硕梅石图轴

尺寸：纵 132.8、横 67.5 厘米　　质地：纸本

　　吴昌硕（1844~1927年），初名俊，又名俊卿，字昌硕，又署仓石、苍石，多别号，常见者有仓硕、老苍、老缶、苦铁、大聋、缶道人、石尊者等。浙江省孝丰县鄣吴村人。晚清民国时期著名国画家、书法家、篆刻家，"后海派"代表，杭州西泠印社首任社长，与厉良玉、赵之谦并称"新浙派"的三位代表人物，与任伯年、蒲华、虚谷合称为"清末海派四大家"。

　　吴昌硕写梅花，传世作品众多，是吴昌硕最为代表性的题材。此图为吴昌硕七十一岁所作。与早年的秀逸峭拔不同，晚年更显苍浑凝厚，吴昌硕画梅，常常画石。他说："石得梅而益奇，梅得石而愈清。"此幅以浓墨写梅，淡墨画石，花瓣勾勒着红色，清艳朴厚。梅花枝干的长线都是中锋用笔，沉着厚重、力透纸背。勾梅花的细线条也是中锋圆笔，强调单纯与统一，如果剥离梅花枝干的具体形象，这些笔线与石鼓文的书写是相通的，是以书入画的代表。行书题诗："铁如意击珊瑚毁，东风吹作梅花蕊。艳（福）茅檐共谁享，匹以盘敦尊罍簠。苦铁道人梅知己，对花写照是长技。霞高势逐蛟虬舞，本大力驱山石徙。昨踏青楼饮眇倡，窃得燕支尽调水。燕支水酿江南春，那容堂上枫生根。"款识"甲寅夏五月，安吉吴昌硕时年七十一"。钤印"俊卿大利"（白文）、"昌硕"（白文）。画面左边又落一款"渔人误认桃源路，日踏残霞逐乱云。又录杭堇浦徵君句，老缶"。钤印"缶翁"（白文）。右下钤印"古鄣"（白文）。其书法强调骨力，追求苍茫古厚、朴拙雄强的内美。

（曲菲）

# 齐白石大富贵亦寿考图轴

尺寸：纵 134.2、横 44.5 厘米　　质地：纸本

齐白石（1864~1957年），原名纯芝，字渭青，号兰亭，后改名璜，字濒生，号白石、白石山翁、老萍、饿叟、借山吟馆主者、寄萍堂上老人、三百石印富翁。是近现代中国绘画大师，世界文化名人。擅画花鸟、虫鱼、山水、人物，笔墨雄浑滋润，色彩浓艳明快，造型简练生动，意境淳厚朴实。齐白石书工篆隶，取法于秦汉碑版，行书饶古拙之趣，篆刻自成一家，善写诗文。

此幅《大富贵亦寿考》图，石上一双绶带鸟，一只瞪目张嘴，稚趣盎然，另一只低头凝视，憨态可掬。长长的冠翎与尾羽交错自然，不必四目交汇，自有灵犀相通之感。下端的牡丹以红花墨叶画法为之，用胭脂红彩泼写出盛放的牡丹，颜色的深浅浓淡表现花瓣的阴阳、向背以及距花蕊的远近；以水墨的浓淡或晕写或勾画枝叶的肥瘦、强弱、曲直和起伏。花间飞过一只蜻蜓，以工笔法为之，及其精细生动，给画面增添了不少情趣。以浓淡水墨写出独秀的一峰山石，其笔淋漓，其势危高，成为连接上下两重意象的纽带。绶带鸟因其谐音"寿"而寓意长寿，牡丹则自古即被视为富贵的象征。两者入画，寓意"富贵长寿"。画面篆书题字："大富贵亦寿考。"款识"竹铭先生清正，八十八岁白石老人齐璜并篆六字"。钤印"吾年八十八"（朱文）、"白石"（朱文）、"养斋珍藏"（白文）。

（曲菲）

117

书法

# 唐楷书写经卷

尺寸：纵 24.6、横 114.4 厘米　　质地：纸本

此为鸠摩罗什译《大般涅槃经》卷十六内容，前后部分缺失。用纸为经黄打纸，砑光上蜡，帘纹细腻，光洁平整。淡描乌丝栏格，通卷整齐划一，纤细隐见。墨色黑亮，神采奕奕。楷书用笔，方圆兼备，秉承隋代遗风，应为敦煌写经中的初唐作品，实属珍贵难得。

（宋松）

復次善男子舍衛城中有婆羅門女名婆私
吒唯有一子愛之甚重遇病命終不時女人
慈毒入心狂亂失性裸身无耻遊行四衢啼
哭失聲唱言子子汝何處去周遍城邑无有
休已而是女人已於先佛殖衆德本善男子
我於是女起慈愍心是時女人即得見我便生

子想還得本心前抱我身如愛子法我時即
告侍者阿難汝可持衣與是女人既與衣已
便為種種說諸法要是女聞法歡喜踊躍發
阿耨多羅三藐三菩提心善男子我於尒時
實非彼子彼非我毋亦无抱時善男子當知
皆是慈善根力令彼女人見如是事

復次善男子波羅柰城有優婆夷名摩訶
斯那達多已於過去无量先佛種諸善根是
優婆夷夏九十日屈請衆僧奉施醫藥是時
衆中有一比丘身嬰重病良醫診之當須肉藥
若得肉者病則可除若不得肉命將不全尒時
優婆夷聞醫此言尋持黃金遍至市里唱如
是言誰有肉者賣之若有肉者當等興
金周遍城市悉不能得是優婆夷愁惱不能
割其股肉切以為羹下種種香施諸病比丘此
丘服已病即得差是優婆夷患瘡苦惱我於尒
即為說種種妙法聞法歡喜發阿耨多羅三
藐三菩提心善男子我於尒時實不往至波
羅柰城持藥塗彼優婆夷身善男子當知
皆是慈善根力調達惡人貪不知足如是事
復次善男子調達惡人貪不知足多服蘇故
頭痛腹滿受大苦惱不能堪忍發如是言南
无佛陀南无佛陀我時住在優禪尼城聞其

城市悉不能得
切以為羹是優
即得差是優
發聲言南无佛
衛城聞其音
種種妙法聞法
尒我持良藥
從心善男子
善根力令彼優
持藥塗彼優
男子調達惡
无佛陀我時

# 明解缙草书王安石《龙泉寺石井》诗轴

尺寸：纵 141.2、横 53.2 厘米　　质地：纸本

解缙（1369~1415年），字大绅，一字缙绅，号春雨、喜易。江西吉安府吉水（今江西吉水）人。明代大臣，文学家。解缙自幼颖悟绝人，其文雅劲奇古，诗豪宕丰赡，书法小楷精绝，行、草皆佳，尤其擅长狂草，与徐渭、杨慎一起被称为明朝三大才子。主持编纂《永乐大典》，著有《解学士集》《天潢玉牒》等。

作品内容为王安石《龙泉寺石井》诗，释文："山腰石有千年润，海眼泉无一日干。天下苍生望霖雨，不知龙在此中蟠。"款识"缙绅书"。钤印"解缙"（朱文）、鼎象形印。

解缙草书师怀素、张旭，此幅作品纵横超逸，奔放洒脱，笔势劲逸飞动，宛转流畅，章法经营尤见匠心，全篇一气呵成，神气自备，变化多端，形成独特风格。

（董艺）

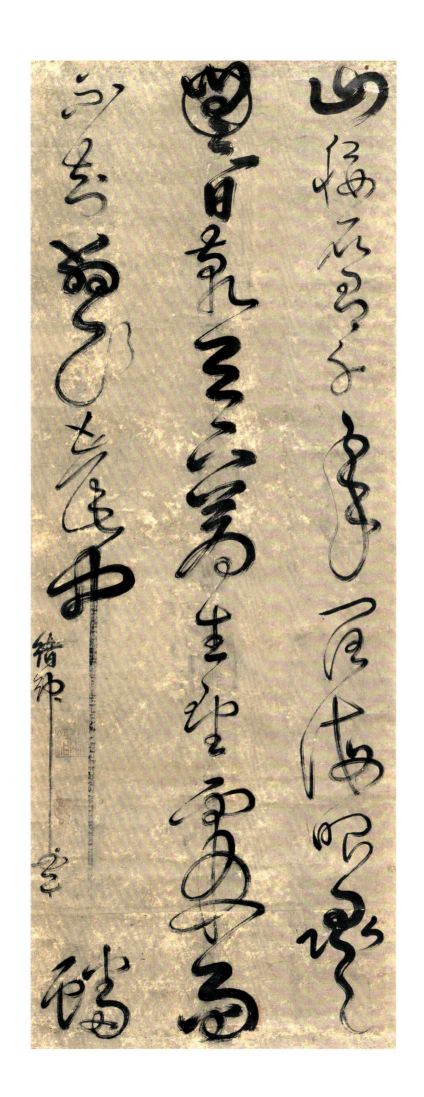

# 明祝允明草书庚信《道士步虚词》轴

尺寸：纵 219.5、横 80.3 厘米　　质地：纸本

　　祝允明（1461~1527 年），字希哲，因右手有枝生手指，故自号枝山。曾官应天府通判，世人称为"祝京兆"。长洲（今江苏吴县）人。明代著名书法家。擅诗文，尤工书法，名动海内。他与唐寅、文徵明、徐祯卿并称"吴中四才子"，又与文徵明、王宠同为明中期书家之代表。

　　作品内容为庚信《道士步虚词》中的一首，释文："东明九芝盖，北烛五云车。飘飘入倒景，出没上烟霞。春泉下玉霤，青鸟问金华。应逐上元酒，同来访蔡家。"款识"枝山祝允明"。钤印"枝指生"（引首白文）、"吴下阿明"（朱文）、"希哲父"（白文）。

　　此幅作品为祝允明狂草力作，取法怀素、张旭，更多的是接近黄山谷，纵笔如飞，飘扬洒落，笔力雄健，提按和使转的笔法交互使用，行距较紧，形成一种汪洋恣肆的视觉效果。

（董艺）

春风九千里 小楼五更愁
都随入海流 生风及上腾宣室
无求雷雨多...同来...家

枝山祝允明

# 明文彭行书七言诗轴

尺寸：纵 120.4、横 51 厘米　　质地：纸本

　　文彭（1498~1573 年），字寿承，号渔阳子、三桥、国子先生。长洲（今江苏苏州）人。文徵明长子。明代著名书法家、篆刻家。曾任南京国子监博士，人称文国博。善画墨竹、山水，花果；诗文、书法继承家学，造诣颇深；其在文人篆刻史上有着不可替代的地位，成就卓著。

　　这件文彭的行书诗轴，诗曰："春阴久不到楞伽，落尽空门满地花。来日正逢初谷雨，家家汲井斗新茶。"款识"文彭"。钤印"文彭之印"（朱文）、"三桥居士"（白文）。

　　文彭的行书受文徵明影响，取法黄庭坚。从这件作品来看，文彭取法黄庭坚，而能融会贯通，纯取其结体开张，字形疏放，至于运笔之法，畅快洒脱，不取浑厚凝重之势，而重舒畅洒脱，松劲利落，细秀挺拔，出锋回笔多出于二王规范，动作简洁流畅。后人评述文徵明父子书法，认为文徵明书以功力胜，文彭书则以才情胜，脱略灵变，不囿于父风。这件作品神采风骨，潇洒灵动，足见其天赋之高，豪迈大方，别具意趣，才情毕现，可谓精品。

（董艺）

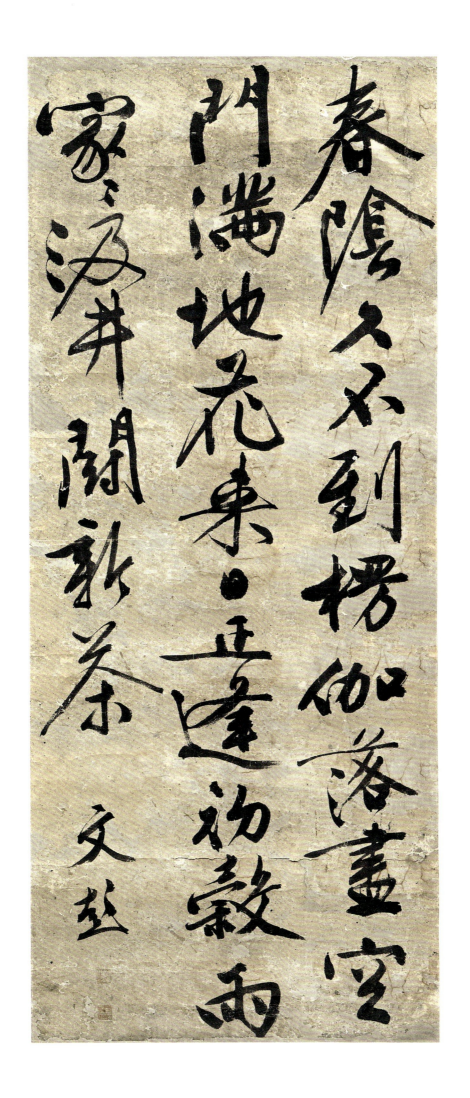

春陰久不到楞伽落盡空
門滿地花東正逢初穀雨
家家汲井鬧新茶

文彭

# 明陈道复草书五言诗轴

尺寸：纵 131.7、横 63.6 厘米　质地：纸本

陈淳（1483~1544 年），字道复，后以字行，更字复甫，号白阳，又号白阳山人。长洲（今江苏苏州）人。尝从文徵明学书画，工花卉，亦画山水，书工行草；画擅写意花卉，淡墨浅色，风格疏爽，后人以与徐渭并称为青藤、白阳。有《白阳集》。

此幅作品笔墨放纵，运笔提顿扭转，左倾右倒，或节制或奔放，如醉歌狂舞，纵横争折。笔势迅捷飞动，近于狂草，极富律动的美感。释文："见说江潮至，轰轰殷地雷。为哀逾峻岭，且坐得亭台。远意通云汉，闲情共酒杯。咏归出罗径，麋鹿不须猜。"款识"道复"。钤印"大姚"（引首朱文）、"陈氏道复"（白文）、"复之印"（白文）。另有鉴藏印三枚"淮南刘慎旃鉴藏金石书画印"（白文）、"同鉴楼珍藏书画"（朱文）、"越园审定"（朱文）。

（董艺）

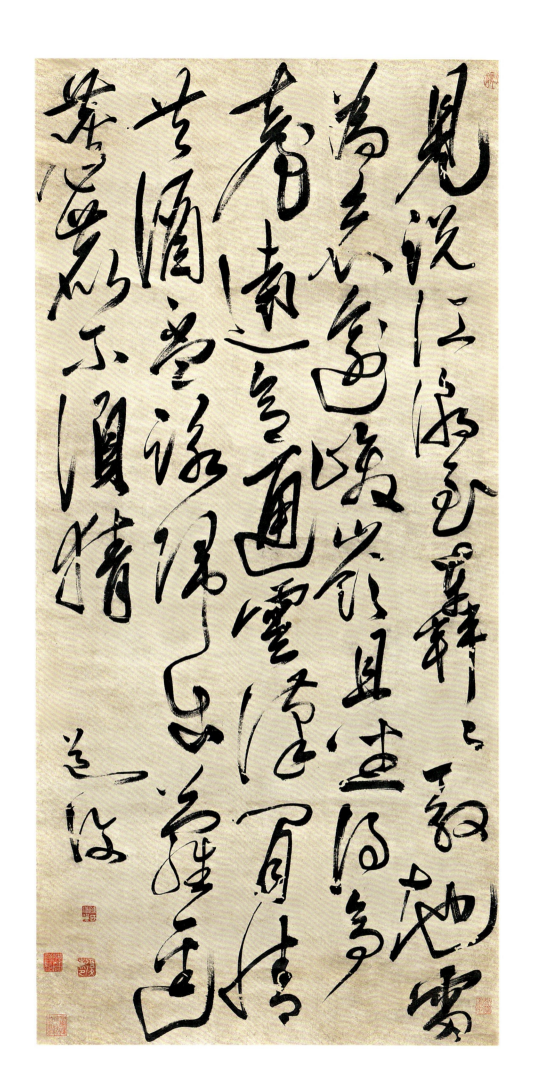

# 明邢侗临王羲之《袁生帖》草书轴

尺寸：纵 164.3、横 30.1 厘米　　质地：纸本

邢侗（1551~1612 年），字子愿，号知吾，自号啖面生、方山道民，晚号来禽济源山主，世尊称来禽夫子。临邑（今山东德州）人。明代著名书法家。明万历二年进士，官至陕西太仆寺少卿。善画，能诗文，工书，书法为海内外所珍视。在书法史上与董其昌、米万钟、张瑞图并称"晚明四大家"。与董其昌称为"北邢南董"。

邢侗天姿聪慧，七岁能作擘窠大书，气势生动。十三岁学王宠书。早年学沈度、赵孟𫖯，后遍临历代名家，书学钟繇、索靖、二王，复师虞世南、褚遂良、米芾，后世评其"晚精章草，最得意于二王"。

邢侗学王羲之书法，尽量忠于原作，临古极肖，传世书法多为临作。晚年融会贯通，进入化境。他自称与右军书坐卧几三十年，始克入化。任玥跋其书曰："字字珠玉，清逸绝不可及，先生书法，斯为至矣。"

此为邢侗的一幅临王羲之草书作品，款识"邢侗"。钤印"邢侗之印"（白文）。内容为王羲之袁生帖。释文："得袁、二谢书，具为慰。袁生暂至都，已还未？（此生至）到之怀，吾所（尽）也。王羲之。"明代晚期，书家多习晋人手札之书，而创作多流行大幅条山，格局大为改观，体现出明人继承和创造之心手，邢侗亦是如此。此书行笔自然流畅，提按明显，虚实变化丰富，笔法灵活，使转生动，圆润秀美，有晋人遗风，足见其对王书用功之深。邢侗习王书力追精化，忠于原作，故此作品虽然字较大，却无鼓努为力、肆意求奇之感。作品表现出一种秀润、典雅、清新、灵动的书卷气。这是邢侗有别于明末其他书家的一个典型特征。

（张忠诚）

# 明张瑞图草书李白诗轴

尺寸：纵 141.2、横 49.7 厘米　　质地：绫本

张瑞图（1570~1644年），字长公、无画，号二水、果亭山人、芥子、白毫庵主、白毫庵主道人、平等居士等。福建晋江人。"明末四大书法家"之一，与董其昌、邢侗、米万钟齐名，与董其昌有"南张北董"之号。

张瑞图书法在师法钟、王的基础上，另辟蹊径。用笔多方硬侧锋，折笔较多，峻峭劲利，笔势雄健，风格奇宕，自成一格，形成开张放逸的书风，奠定其在晚明书坛的地位。此幅作品内容出自唐代李白诗，释文："剑阁重关蜀北门，上皇归马若云屯。少帝长安开紫极，双悬日月照乾坤。"款识"瑞图"。钤印"张瑞图印"（白文）、"兴酣落笔摇五岳"（白文）。

（董艺）

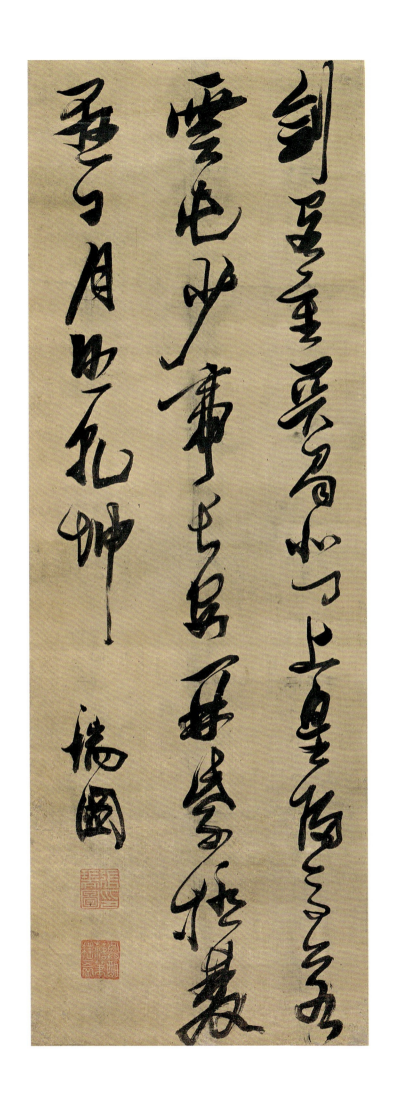

到是重要為心上重重到
雲也少事三岳平岳海最
玉月四孔帥
瑞圖

133

# 明米万钟行书五言诗轴

尺寸：纵 150、横 49.7 厘米　　质地：绢本

米万钟（1570~1631 年），字仲诏、子愿，号友石、湛园、文石居士、勺海亭长、海淀渔长、研山山长、石隐庵居士。陕西安化人，徙居北京宛平县。宋代书画家米芾后裔。米万钟好石，善画山水、花竹，书法宗米芾，行、草书俱佳。与董其昌、邢侗、张瑞图并称"明末书法四大家"。

作品笔法气息连贯，纵向取势，行距清疏。用笔提按变化丰富，笔法转换自如，点画轻灵活泼。整体观之洒脱豪迈，劲拔流利，畅快而不失法度，得米芾笔法三味。此幅行书作品内容为五言题画诗一首："林岚澹远出，草阁蘸虚濑。何处高泉飞，清声杂松籁。"款识"题画，米万钟"。钤印"米万钟字仲诏"（朱白文结合）、"研山山长"（白文）、"石丈斋"（朱文）。

（张忠诚）

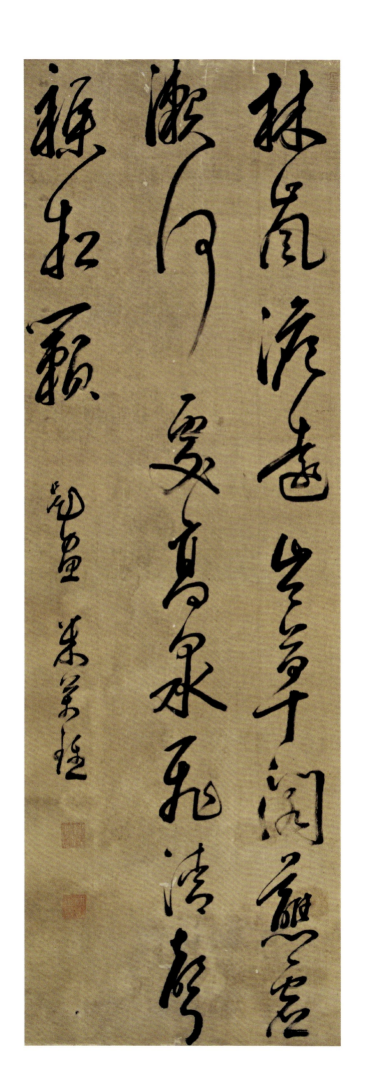

林岚流光生草阁，
潋月变真泉飞清游
群松颖

冠畫
朱常梃

# 明刘重庆草书李白《东鲁门泛舟》诗轴

尺寸：纵220.1、横52.9厘米　　质地：纸本

　　刘重庆（1579~1632年），字耳枝、号幼孙。山东莱州府掖县（今山东省莱州市）人。明代著名书法家。万历三十八年（1610年）进士，以礼部观政授献县知县，升御史，以不附阉党罢官。崇祯后再度起用，官至户部右侍郎。重庆幼家贫，居大泽山红庙石屋内苦读，无钱买纸，采柿叶习书。后人曾赞："挥毫大泽龙蛇舞，采向空山柿叶稀。"后书法名震京师，曾有"飞笔添点"的传说。其楷法得于颜鲁公，草书传二王法，书风笔力苍健，遒密酣畅，大开大合，雄浑古茂。

　　草书释文："日落沙明天倒开，波摇石动水萦迴。轻舟泛月随溪转，疑是山阴雪后来。"署款"刘重庆"。钤印"刘重庆印"（白文）、"幼孙"（白文）。书法内容为唐代李白诗《东鲁门泛舟二首》之一。

　　作品气势连贯，用笔苍涩，线条雄健朴厚，笔法起落萦带自然、利落，气息苍郁劲拔，如疾风振林，淋漓痛快。"落"字宽厚紧实，"水"字清虚畅达，"舟"字横向舒张，"月"字倚侧失重，"随"字多重叠笔，"疑"字凝重活脱，增强了作品的节奏感和意趣。通篇作品一气呵成，没有丝毫做作之感，体现出作者非凡书法功力和高超的艺术表现力。

（张忠诚）

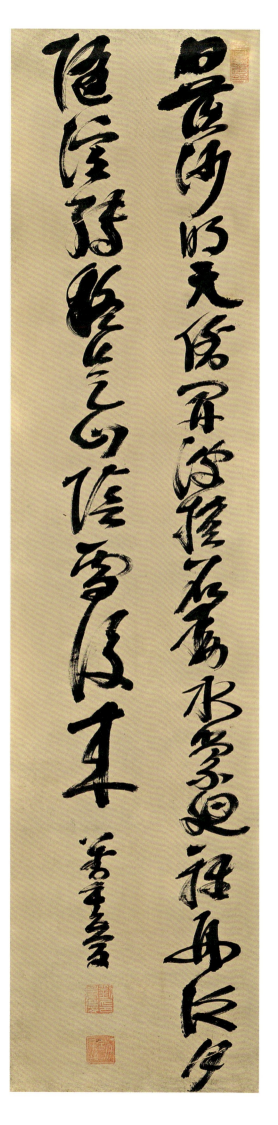

# 明刘重庆草书戴叔伦《关山月》诗轴

尺寸：纵 124.9、横 29.2 厘米　　质地：纸本

　　草书释文"一雁过连营，繁霜覆古城。故笳在何处，半夜起秋聲。"署款"耳枝"。钤印"刘重庆印"（白文）。

　　作品摘录唐代戴叔伦诗《横吹曲辞·关山月二首》之一。书法线条连贯，多字连写，气势通畅。下笔力量控制提按自如，或沉厚饱满，或细劲如丝。笔法方圆兼备，折笔转锋，变化丰富，文字结构紧凑。通过运笔的疾迟节奏和点画的粗细连断变化而展现出通篇的美感，自由洒脱而不失规矩。

（张忠诚）

一雁飞连嶂，群鸥泊近洲。蒹葭离披际，菱荇动摇秋。子敬

139

# 明倪元璐草书曹唐《小游仙诗》轴

尺寸：纵 127.3、横 21.7 厘米　　质地：绫本

　　倪元璐（1594~1644 年），字汝玉，一作玉汝，号鸿宝。浙江绍兴府上虞（今绍兴市上虞区）人。明末官员、书法家。与黄道周、王铎鼎足而立，并称"明末书坛三株树"，又与王铎、傅山、黄道周、张瑞图并称"晚明五大家"，成为明末书风的代表。亦能诗文，著有《倪文贞集》。

　　此幅作品书写内容为唐代曹唐《小游仙诗》，释文："鹤不西飞龙不行，露干云破洞箫清。少年仙子说闲事，遥隔采霞闻笑声。"款识"元璐"。钤印"倪元璐印"（朱文）、"鸿宝"（白文）。鉴藏印"奇栽赏鉴"（朱文）。

　　此幅作品既有明人行书流便秀雅的特点，又有涩劲朴茂的风貌，用墨、用笔着意于枯润、疾徐变化；字距的疏密处理极富特色，密处浓墨重笔，酣畅淋漓，疏处则枯笔涩行。通篇纵横使转，看似绝不经意，但书情并茂，气韵横生，突破了明末柔媚的书风，个人风格十分强烈。

（董艺）

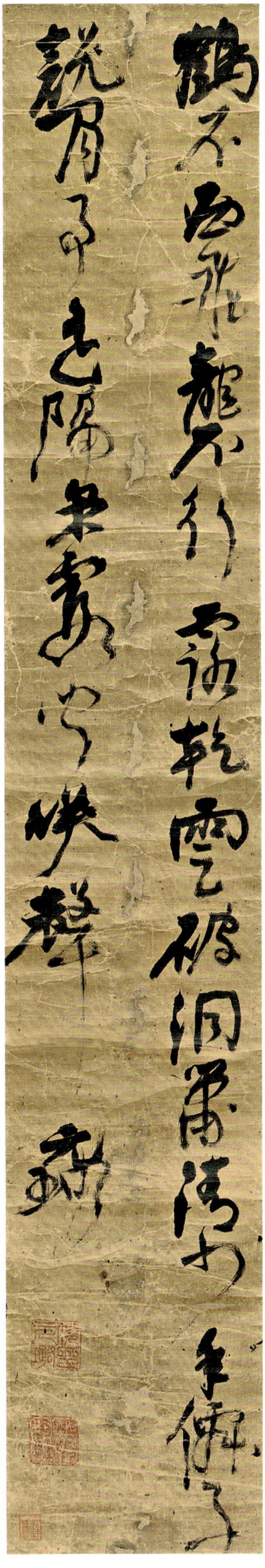

# 明方震孺行书《金人铭》轴

尺寸：纵 188.9、横 105.5 厘米　　质地：绫本

　　方震孺（1585~1645 年），字孩未，号念道人。桐城人，移家寿州。万历四十一年（1613 年）进士，初任沙县知县，后为御史、巡抚。工诗文，善绘事。其画载入《明画录》。

　　释文："金人铭，孔子观周，入后稷之庙，有金人焉，三缄其口，而铭其背曰：古之慎言人也，戒之哉！无多言，多言多败；无多事，多事多患。安乐必戒，无行所悔。勿谓何伤，其祸将长。勿谓何害，其祸将大；勿谓不闻，神将伺人。焰焰不灭，炎炎若何；涓涓不壅，终为江河；绵绵不绝，或成纲罗。毫末不札，将寻斧柯。诚能慎之，福之根也。口是何伤，祸之门也。强梁者不得其死，好胜者必逢其敌。盗憎主人，民怨其上，君子知天下之不可上也，故下之；知众人之不可先也，故后之。温恭慎德，使人慕之。执雌守下，人莫逾之。人皆趋彼，我独守此。人皆惑之，我独不徙。内藏我知，不示人技。我虽尊高，人莫我害。江海虽左，长于百川，以其下也。天道无亲，常与善人，戒之哉！"款识"崇祯戊寅季冬望日，将补庵主人方震孺书于白门梅下"。钤印"孩未父"（朱文）、"震孺之印"（白文）。鉴藏印"南皮张氏可园收藏庚壬两劫所余之一"（朱文）、"可园珍秘"（朱文）。

　　此幅作品风格继承宋元以来帖学的传统，行笔妍润流畅，笔意婉转停匀，字迹结体严整，穿插古雅有致，笔法圆熟，点画呼应之际，挺拔遒美的气息跃然纸上。

（董艺）

金人銘

孔子觀周乃遂禮之廟有金人焉三緘其口而銘其背曰古之慎言人也戒之哉無多言多言多敗無多事多事多患安樂必戒無所行悔勿謂何傷其禍將長勿謂何害其禍將大勿謂不聞神將伺人焰焰不滅炎炎若何涓涓不壅終為江河綿綿不絕或成網羅毫末不札將尋斧柯誠能慎之福之根也口是何傷禍之門也強梁者不得其死好勝者必遇其敵盜憎主人民怨其上君子知天下之不可上也故下之知眾人之不可先也故後之溫恭慎德使人慕之執雌持下人莫踰之人皆趨彼我獨守此人皆惑之我獨不徙內藏我智不示人技我雖尊高人莫我害江海雖左長於百川以其卑也天道無親常與善人戒之哉

崇禎戊寅季冬書于

將補庵主人方懋德書於田門梅下

# 明蒋明凤草书刘崧《题秋江图》诗轴

尺寸：纵 132.6、横 40.6 厘米　　质地：纸本

　　蒋明凤，字羽灵。浙江长兴人。万历四十六年举人，广东乳源县知县，署太仓州。

　　此幅作品内容为元代刘崧《题秋江图》，释文："霜树云峰隐翠烟，长风吹起雁翩翩。道人心事如秋水，看口南华第几篇。"款识"明凤"。钤印"蒋明凤印"（白文）、"蒋氏羽灵"（白文）。鉴藏印"秘晋斋印章"（朱文）。

　　此幅作品取法怀素，书法线条圆转流畅、纵横驰骋，以疾涩之变来充实线条内涵，显得飞动奔放而又瘦劲奇崛，气势雄健。

（董艺）

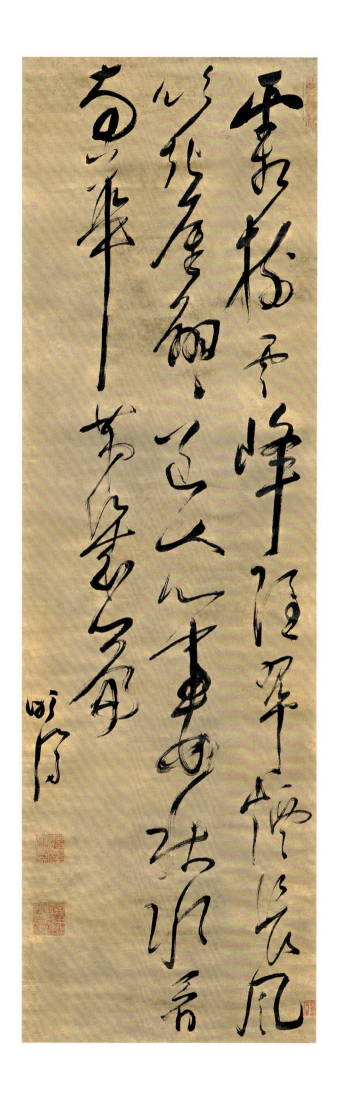

# 明陈启新行书张祜《集灵台》诗轴

尺寸：纵 179.4、横 52.3 厘米　　质地：绢本

陈启新，生卒年不详，主要活动于明末崇祯年间。

此幅内容为唐代诗人张祜《集灵台》："虢国夫人承主恩，平明骑马入宫门。却嫌脂粉污颜色，淡扫蛾眉朝至尊。"款识"陈启新"。钤印"陈启新印"（白文）、"掖梧中人"（朱文）。

作品布局疏朗，用笔爽劲而不失圆润，行书取法二王，又受米芾影响，清秀空灵，不失为明末书中佳品。

（宋松）

虢國夫人承主恩平明騎

馬入宮門卻嫌脂粉污顏色淡

掃蛾眉朝至尊

陳獻章

147

# 清王铎行书杜甫诗轴

尺寸：纵 235、横 54.7 厘米　　质地：绫本

　　王铎（1592~1652 年），字觉斯，又字觉之，号嵩樵、十樵、痴庵道人等。河南孟津人。王铎一生之行举，可谓言人人殊，毁誉参半。明崇祯十七年（1644 年）什月，清军攻陷扬州，福王逃往芜湖，留王铎守江宁（南京），他同礼部尚书钱谦益等开城门降清。入清后任礼部尚书管宏文院学士，充明允副总裁。然其书名与诗名却誉满天下，被世人珍若拱璧。

　　作品内容出自杜甫五言律诗《戏呈杨四员外绾》，释文："寄语杨员外，天寒少茯苓。待得稍暄暖，当为剧青冥。颠倒神仙窟，封题鸟兽形。兼将老藤杖，扶汝醉初醒。"款识"丁亥八月书，王铎为毓宗年家词丈"。钤印"王铎之印"（白文）、"烟潭渔叟"（白文）。

　　此诗轴用笔出规入矩，张弛有度，却充满流转自如、力道千钧的力量。用墨上巧用王铎擅长的涨墨法，布局上字字独立却又稍加牵连，字形虽略有欹侧，却气韵连贯、虚实浑然。此作成于清顺治四年丁亥（1647 年）八月，王铎刚降清不久，正处于贰臣的心理矛盾和落寞情怀之中，书法上失去了明末那种飞腾跳掷和纵横淋漓之感，更多体现了王铎晚年雍容稳健一路的书风。

（董艺）

寄語楊貴妃

天寒少茂苍

待得貓睛暖

為卿青實顫

倒神僊窟

封題為戴形篆

將老藤枝扶

汝醉初醒

乙亥八月書

鯀宗午家詞並

王鐸為

# 清傅山草书杜甫《夜宿西阁》诗轴

尺寸：纵 166.7、横 47.3 厘米　　质地：绢本

　　傅山（1607~1684年），字青竹，后改字青主。阳曲（山西太原）人。明亡后出家为道，道号真山。居土穴，自号朱衣道人，别号石道人。于诗、文、书、画方面造诣颇深，是一位重气节的遗民书画家。他提出的"宁拙毋巧，宁丑毋媚，宁支离勿轻滑，宁直率勿安排"的书法理论对其后学书者影响极大。其书法初习赵孟頫、董其昌；后对颜真卿人品、书法推崇备至，力学之；再直入魏晋，参以钟（钟繇）、王（王羲之）意趣，形成自家独特的风貌。

　　此幅草书作品，书杜甫诗《夜宿西阁》一首："城暗更筹急，楼高雨雪微。稍通绡幕霁，远带玉绳稀。门鹊晨光起，樯乌宿处飞。寒江流甚细，有人（意）待人归。"款识"山书"。钤印"傅山之印"（白文）。纵观此幅，笔势连贯，气韵生动，跌宕起伏，大气磅礴。结字正欹相间，古拙雄浑；起笔圆浑饱满，有篆书笔意；行笔缠绕若古藤挂树，蜿蜒劲曲，萦带细若游丝，纤而不弱；通篇布局不拘小节，纵横开合，互避揖让，不经意间真率之感跃然纸上，大起大落的章法给人以朴拙遒劲、淋漓畅快之感，堪称佳品。

（张忠诚）

柳暗更莺蒿樓十萬雨雪微稍通
消藜亦雪春帶玉溪峰門靜
晨色之扶橋烏峭信雪瓦塵寒以流甚
細空不嫌此生

# 清法若真行书七言诗轴

尺寸：纵 171.9、横 49.1 厘米　质地：绫本

　　法若真（1613~1691年），字汉儒，号黄山、黄石。山东胶州人。清顺治三年（1646年）进士，曾任浙江按察使、安徽布政使等职。善诗、书、画，书法魏晋，笔势飞动。雅画山水，潇洒拔俗，自成一格。

　　释文："殿前无事谏臣争，郑重箪平霜路清。击楫囊空杨子渡，看花人到越王城。奇书穴底千行字，枕柝山头万里兵。且说霞光虹上出，钱塘不断海潮声。"款识"丁未冬初寄贺，笔为姻兄荣擢会稽刺史兼正，同乡弟法若真"。钤印"法若真印"（白文）、"黄石氏"（朱文）。

　　法若真的行书出自颜鲁公内敛体式，苍茫浑朴，大气磅礴，神采飞动，大处落墨，不拘细行。字与字之间的牵丝引带，细如髭发，玲珑精致。通观全篇，行笔自然得体，字距紧结，行气连贯而又朴实含蓄、内蕴无穷。

（董艺）

飘飘无事诵停车郭
空拖子后看花人到城上城奇寿实底千行字
梧山汲子坐室之处迎说高高色江上生诗塘不断海潮
声

学书则光草草挥金作刺史云玉
丁未三和书月夏
同兴弟注乃兄真

# 清熊赐履草书王维诗轴

尺寸：纵 173.6、横 47.5 厘米　　质地：绢本

　　熊赐履（1635~1709 年），清初理学名臣。字敬修，又字青岳，号素九，别号愚斋。湖广汉阳府孝感人，世籍南昌。曾在顺治、康熙朝为官，官至武英殿大学士，后罢官。

　　释文："杨子谈经处，淮王载酒过。兴阑啼鸟缓，坐久落花多。径转回银烛，林开散玉珂。严城时未启，前路拥笙歌。"款识"从岐王过杨氏别业应教，熊赐履"。钤印"熊赐履印"（白文）、"南公氏"（朱文）。

　　笔法豪放奇肆，结构欹侧纵横，章法起伏跌宕，墨法酣畅淋漓，形式感强，富于视觉冲击力，笔势雄健而不失温文尔雅的文人气息。

（董艺）

楊緒談經雲液淨，載酒尋幽興不窮。揚繡<br>
生香花滿屋，每經精酒邁北墉，書開弄<br>
雄似玉堂奇，韻撥筆歎

花峰王逸迢楊武別業賦此似<br>
一峰主老孟

熊鵬儀

# 清贾汉复行书七言诗轴

尺寸：纵 197.7、横 51 厘米　　质地：绫本

贾汉复（1605~1677年），字胶候，号静庵。山西省曲沃人。明末为淮安副将，顺治二年（1645年）降清。清康熙年间任兵部尚书，总制川陕。

释文："夏云烂熳映彤弓，一路皇华紫气通。朝命重新瞻斗北，家声依旧振河东。良朋携手关山殷，骏马联镳风雨中。世事从来多缱绻，何须搔首问鸿濛。"款识"贾汉复"。钤印"汾水世家"（引首白文）、"贾汉复印"（朱文）、"司马中丞"（白文）。

贾汉复虽非纯正的书家，但作品也明显地受到明末个性解放思潮的影响，是晚明书风的延续和发展。此幅作品个性豪放，用笔率性随意，结体、章法、墨法变化多端而有层次，为高堂大轴，反映了明末清初书法之时代风貌。

（董艺）

夜雲篩月影開戶一詠皇華更含元通驟帝
宝珠曉斗珊瑚夢依醬抱河東言麗攜手寒山
紅殘言聽鑣風雨中尋悅來多繼續即紅醆攜
花洞滿溪

賈浮渡

# 清丛大为草书节录《世说补》轴

尺寸：纵 196.5、横 66.4 厘米　质地：纸本

丛大为，生卒年不详。字祥子，号尧山，自号携雪老人。山东文登人。明尚书丛兰之玄孙，少保丛丰山之孙，清顺治乙未进士。曾任江苏句容县知县，时人称其"贯穿经义，博通子史，尤工临池，诗才清脱"。草书得二王遗意，有《携雪堂诗草》传世。

书法释文："谢孺子善声律，与王车骑张宴桐台。孺子吹笙，王自起舞。既而叹曰：真使人飘飘有伊、洛间意。"款识"丛大为"。钤印"丛大为印"（朱文）、"尚书里尧山氏"（白文）。

丛大为书学二王，临阁帖，善草书。此幅作品时代风格明显，受明末整体书风影响，以二王尺牍草书做大字，体势雄浑而不失清雅，肆意而不失法度。笔法圆润，刚柔并济，布局开合有度，文字大小错落，分间布白，变化丰富。整幅作品酣畅而又含蓄，笔墨厚重而婉转有度，收放自如，颇具神采。

（张忠诚）

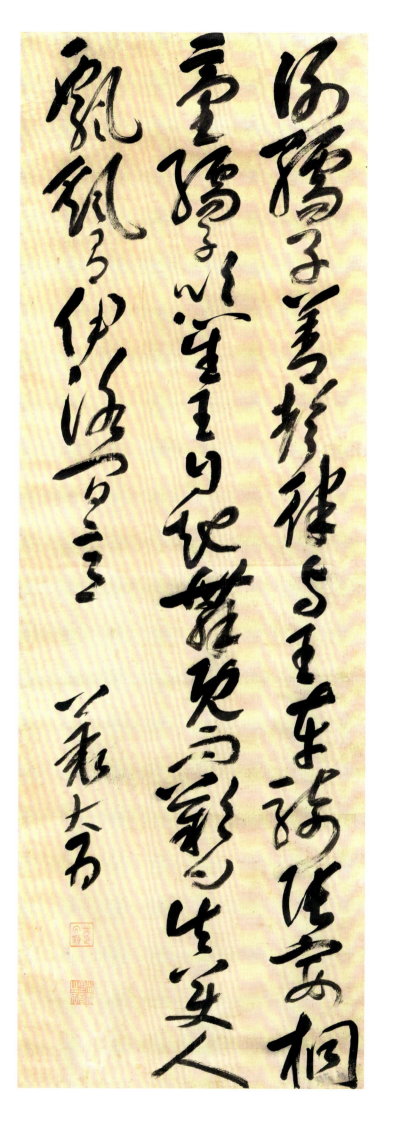

凤凰子，善于律吕，音声和谐。凤凰子以怜君起，从无声而彩生，要人，飘飘乎，伊涵万类。

莊大均

# 清严我斯草书郎士元《柏林寺南望》诗轴

尺寸：纵 179.5、横 45.5 厘米　　质地：绫本

　　严我斯（1629 年～？），字就斯，一字存庵。浙江湖州府归安县（今湖州市）人。康熙三年进士第一，官至礼部左侍郎。文章操行，为时所重。擅诗，长于华赡之作，且多近体，有《尺五堂诗删》六卷。

　　作品内容出自郎士元《柏林寺南望》诗，释文："溪上遥闻精舍钟，泊舟微径度深松。青山霁后云犹在，画出东南四五峰。"款识"严我斯"。钤印"存庵"（白文）、"甲辰状元"（朱文）。

　　此幅作品行距颇疏，笔法温润，是从董书中继承、演化而来，展现出清朗俊爽的神采。此幅作品行笔自然流畅，不激不励，不温不火；通篇平稳又不失灵动。

（董艺）

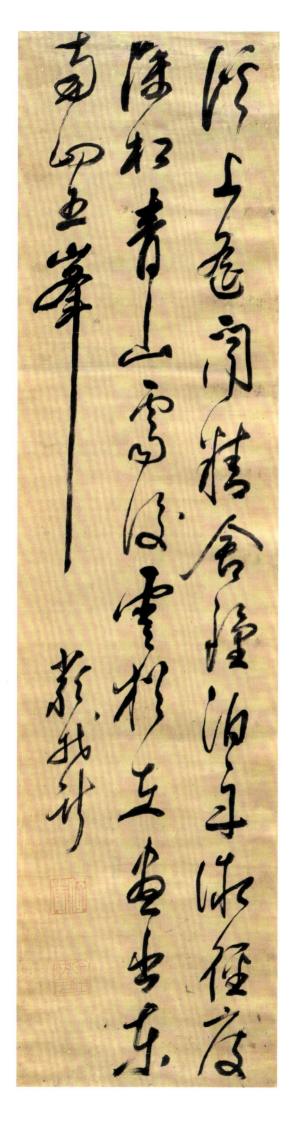

隐士今精舍，泊子湘径度。
隐松青山雲，岂霜露雲移立重霜东。
高山四面峰。

芝哉斑书

# 清查士标行书七言诗轴

尺寸：纵 226.2、横 44 厘米　　质地：绫本

　　查士标（1615~1698 年），字二瞻，号梅壑。安徽休宁人。原为明诸生，入清后不仕，以布衣终身。明末清初新安派"海阳四家"（弘仁、查士标、孙逸、汪之瑞）之一。清初著名画家、书法家、诗人，家富收藏，精鉴赏。

　　释文："种树种松柏，结交结君子。松柏耐岁寒，君子有终始。"款识"查士标"。钤印"查士标印"（白文）、"二瞻"（白文）。

　　从这幅作品中可以看出查氏书法是对董其昌书风的吸收和创新，行笔多用中锋书写，笔力柔和而劲挺，很好地发挥了中锋用笔的长处，给人以妍美秀逸、娴熟雅静之感。同时书家也十分注意侧锋用笔，通过侧锋取势，呈现出生涩峭拔、疏淡清远的韵致。而在用墨上，则非常注重墨色的焦湿、燥润变化，尤其是不同墨色在纸上的效果，多取得清润、秀美的审美意象，加之用笔上的丰富变化，使用墨常常呈现出娴熟、洗练、明洁的特色。积墨与枯墨相互映衬、错落，浓淡变化自然合度，凝重与轻灵互为统一，充分显示了书家高超的驾驭线条笔墨的功夫。

（董艺）

種樹種松栢結交結真子松栢樹歲寒君子甫證焰

李士標

# 清孙岳颁行书韦应物《游龙门香山泉》诗轴

尺寸：纵 234.6、横 49.3 厘米　　质地：绫本

　　孙岳颁（1639~1708 年），字云韶，号树峰。吴县（今江苏苏州）人。康熙二十一年（1682 年）进士，官至礼部侍郎，充佩文斋书画谱总裁官。善书，受知圣祖康熙帝，每有御制碑版，必命书之。

　　此幅作品内容出自韦应物《游龙门香山泉》诗，释文："山水本自佳，游人已忘虑。碧泉更幽绝，赏爱未能去。潺湲写幽磴，缭绕带嘉树。激转忽殊流，归泓又同注。羽觞自成玩，永日亦延趣。灵草有时香，仙源不知处。还当候圆月，携手重游寅。"款识"孙岳颁谨书"。钤印"孙岳颁印"（白文）、"树峰"（朱文）。

　　孙岳颁以炉火纯青的学董功夫获得康熙帝的信任和器重。此幅作品有着浓重的书卷气，结体优雅匀称、风格秀美精致，笔致率意自然、轻盈飘逸，寓雄强于秀润之中。

（董艺）

山水本自佳遊人已忘歸畫碧泉更玉粒賞雲林

能古漵後空迷誤礙繚繞帶嘉樹渡橋魚殊絲綸橋

又同注羽觴自成玩永日太延趍雲學者時香仙源不

知雲臺尚候園月携手重遊宗

孫岳頒謹書

# 清郑簠隶书杜甫《野人送朱樱》诗轴

尺寸：纵 179.4、横 52.3 厘米　　质地：纸本

　　郑簠（1622~1693 年），字汝器，号谷口。江苏上元（今南京）人。清代书法家。名医郑之彦次子，深得家传医学，以行医为业，终学不仕。善书，雅好文艺，善收藏碑刻拓本，尤喜汉碑。工隶书，参以草法，为一时名手，亦善篆刻。

　　该作品为纸本立轴。内容出自唐代诗人杜甫《野人送朱樱》。释文："西蜀樱桃也自红，野人相赠满筠笼。数回细写愁仍破，万颗匀圆讶许同。忆昨赐沾门下省，退朝擎出大明宫。金盘玉箸无消息，此日尝新任转蓬。"款识："杜少陵《野人送朱樱》一首，癸亥长至月书，谷口郑簠。"钤印"郑簠之印"（白文）、"脉望楼"（朱文）、"龚则寿"（朱文）。

　　此轴用笔起伏跳荡，虽学汉隶，全然自家面貌。其所书字大小相近，粗细、疏密却富有变化，具有飘逸奇宕的新意，实为郑簠书法佳作。

（宋松）

西蜀櫻桃也自紅　野人相贈滿筠籠

數回細寫愁仍破　萬顆勻圓訝許同

憶昨賜霑門下省　退朝擎出大明宮

金盤玉箸無消息　此日嘗新任轉蓬

杜陵野人送朱櫻一首　癸巳長至月書

谷口鄭簠

# 清陈奕禧草书褚朝阳《奉上徐中书》诗轴

尺寸：纵 179.4、横 52.3 厘米　　质地：绢本

　　陈奕禧（1648~1709 年），字六谦，一字子文，号香泉、葑叟、玉山居士，室名卞璧楼。浙江海宁人。陈元龙族兄，王士禛门生。岁贡生，官贵州石阡知府，康熙四十七年改江西南安知府。尤工书法、诗词，以书法名天下，藏金石甚富。陈奕禧与汪士宏、何焯、姜宸英等被称为"清初四大家"。

　　此作品内容是唐代诗人褚朝阳七言律诗《奉上徐中书》，释文："中禁仙池越凤皇，池边词客紫薇郎。既能作颂雄风起，何不时吹兰蕙香。"款识"松麓老年台，海宁陈奕禧"。钤印"陈奕禧印"（白文）、"六谦印信"（朱文）。

　　作品取法晋人，空灵飘逸不乏沉着浑融，笔法圆润流畅，气息舒缓而清逸，表现出浓郁的书卷气。

（宋松）

中藝儒池越鳳皇
池邊詞雲紫芝

鄭虔絕作頌雄風
起伊不時吹蘭

蕙香

松麓老年臺
海寧陳奕禧

# 清张在辛隶书陆游《东关》诗轴

尺寸：纵 147.9、横 45.5 厘米　　质地：纸本

张在辛（1651~1738 年），字卯君，又字冤公，号柏庭，又号子舆。山东安邱（今安丘）人。清代书法篆刻家。康熙二十五年（1686 年）拔贡生。后随父北到燕赵，南游吴越，结交天下名人，研究书画、篆刻，论诗谈文，集名流所长，自有心得。康熙三十年，张在辛拜郑簠为师，书法大进，深得个中三昧。

此轴内容出自南宋陆游的《东关》一诗，释文："烟水苍茫西复东，扁舟又系柳阴中。三更酒醒残灯在，卧听潇潇雨打蓬。"款识"雍正乙卯季夏，书为视翁年长兄先生正字，安丘八十五岁弟张在辛"。钤印"张在辛印"（白文）、"字卯君"（朱文）。

该作苍穆雄浑，气韵玄妙，大有郑簠之风，而更为沉稳、整肃。实为张在辛晚年书法佳品。

（宋松）

煙水蒼茫鹵浸東扁舟又繫柳
陰中三變酒醒殘燈左卧聽蕭
蕭雨打蓬

雍正乙卯季夏書為

視翁丰長兄先生正字

安邱十五歲弟張在辛

171

# 清汪士鋐行书节录陆机《文赋》轴

尺寸：纵 139.5、横 65.4 厘米　　质地：纸本

汪士鋐（1658~1723年），字文升，号退谷，又号秋泉居士。长洲（今江苏苏州）人。清代书法家、藏书家。汪琬从子。康熙三十六年会元，授翰林院编修，官至中允，入值南书房。书法为清一代名家，与姜宸英、笪重光、何焯称清初四大家。

此作品为节录陆机《文赋》："咏世德之骏烈，诵先人之清芬。游文章之林府，嘉丽藻之彬彬。慨投篇而援笔，聊宣之乎斯文。其始也，皆收视反听，耽思傍讯。精骛八极，心游万仞。其致也，情曈曨而弥鲜，物昭晰而互进。倾群言之沥液，漱六艺之芳润。浮天渊以安流，濯下泉而潜浸。于是沉辞怫悦，若游鱼衔钩，而出重渊之深；浮藻联翩，若翰鸟缨缴，而坠曾云之峻。"款识"康熙壬寅年上元日临松雪翁《文赋》，秋泉居士汪士鋐"。钤印"汪士鋐印"（白文）、"松南居士"（朱文）。

书临赵孟頫，得其秀雅清疏之美。清瘦仙逸如褚遂良，整体书风瘦劲挺拔、纵横自放，颇有奇气。

（宋松）

咏世德之骏烈，诵先人之清芬。游文章之林府，嘉丽藻之彬彬。慨投篇而援笔，聊宣之乎斯文。其始也，皆收视反听，耽思傍讯，精骛八极，心游万仞。其致也，情曈曨而弥鲜，物昭晰而互进。倾群言之沥液，漱六艺之芳润。浮天渊以安流，濯下泉而潜浸。于是沉辞怫悦，若游鱼衔钩而出重渊之深；浮藻联翩，若翰鸟缨缴而坠曾云之峻。

文赋 康熙壬寅上元日临松雪 秋泉居士汪士鋐

# 清赵执信行书岑参诗轴

尺寸：纵 182.4、横 79.9 厘米　　质地：纸本

　　赵执信（1662~1744 年），字伸符，号秋谷，晚号饴山老人、知如老人。山东博山人。十四岁中秀才，十七岁中举人，十八岁中进士，后任右春坊右赞善兼翰林院检讨。二十八岁因佟皇后丧葬期间观看洪升所作《长生殿》戏剧，被劾革职，此后五十年间，终身不仕，徜徉林壑。清代著名诗人、诗论家、书法家。

　　此作品是赵执信所书唐代诗人岑参为送别友人王昌龄所作的五言古诗《送王大昌龄赴江宁》，释文："对酒寂不语，怅然悲送君。明时未得用，白首徒攻文。泽国从一官，沧波几千里。群公满天阙，独去过淮水。旧家富春渚，尝忆卧江楼。自闻君欲行，频望南徐州。穷巷独闭门，寒灯静深屋。北风吹微雪，抱被肯同宿。君行到京口，正是桃花时。舟中饶孤兴，湖上多新诗。潜虬且深蟠，黄鹄举未晚。惜君青云器，努力加餐饭。"款识"岑嘉州送王龙标诗，甲辰春日，北海赵执信"。钤印"赵执信印"（白文）、"闲斋"（朱文）。

　　作品整体笔道遒劲，取势长方，法度严谨，受欧阳修、褚遂良影响较大。

（宋松）

對酒寂不語悵然悲送君明時不得用白首徒攻文澤

國從一官淪波幾千里群公滿天闕獨去過淮水舊

家富春渚常憶卧江樓自聞君欲行頻望南徐州

窮巷獨閑門寒燈靜深屋北風吹微雪抱被宿何同

宿君行到京口正是乖花時舟中饒孤興湖上多

新詩澹虹且深旛黃鵠舉未晚惜君青雲器罷勞

力加餐飯

岑參州送王龍標詩 甲辰春日

北海趙熟行

# 清张照行书王维《木兰柴》诗轴

尺寸：纵 133.8、横 57 厘米　　质地：绢本

　　张照（1691~1745 年），初名默，字得天、长卿，号泾南、天瓶居士。江苏华亭（今上海松江）人。康熙四十八年进士，授检讨，官至刑部尚书。书法家、戏曲作家。通法律，精音乐，尤工书法。

　　此行书内容为唐代诗人王维的《木兰柴》："秋山敛余照，飞鸟逐前侣。彩翠时分明，夕岚无处所。"款识"张照"。钤印"张照之印"（白文）、"得天"（朱文）。

　　作品整体变化多端，精彩动人。笔画转折多变，灵活飞动，结字聚散适宜，气势贯通，浑朴雄健。

（宋松）

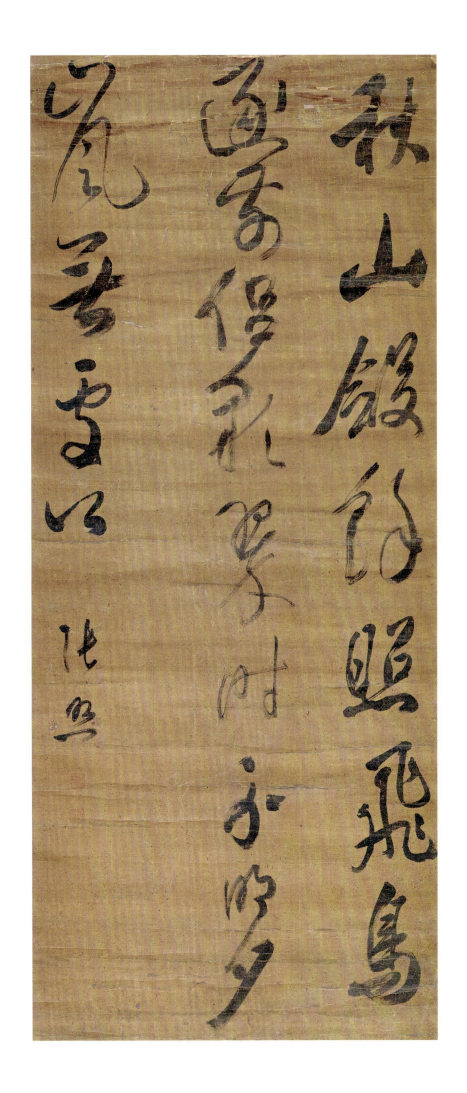

秋山斂餘照飛鳥
逐前侶彩翠時分
明夕嵐無處
所

溥心

# 清高凤翰草书七言诗轴

尺寸：纵 96、横 46.4 厘米　　质地：纸本

　　高凤翰（1683~1749 年），又名翰，字西园，号南村，又号南阜、云阜，别号因地、因时、因病等 40 多个，晚因病风痹，左手作书，又号尚左生。山东胶州三里河人。清代画家、书法家、篆刻家，扬州八怪之一。性豪迈不羁，精于艺事，山水、花鸟俱工，善书法、篆刻，喜藏砚，工诗。晚年左笔书法，笔愈老辣，古趣横生。

　　作品内容为七言诗一首："野竹抽梢欲拂檐，更从疏处出口（笋）尖。隔溪花晕红漫水，当户桐阴绿到帘。"款识"翰左手"。钤印"凤翰印"（白文）、"左军司马"（白文）。鉴藏印"奇栽赏鉴"（朱文）。

　　作品笔力遒劲洒脱，苍涩灵动，因使左笔，线条生拙苍秀，却无迟滞之感，古朴天真，意趣盎然。其点画起笔厚重，行笔稳健，笔速较缓，收笔略钝而不露锋芒，长画左倾，起伏飘动。有古穆沉着之气，不失灵动纵横之姿，通篇虽多单字独立，却气韵贯通，富有动感。明清两朝左手书法第一人，实至名归。

（张忠诚）

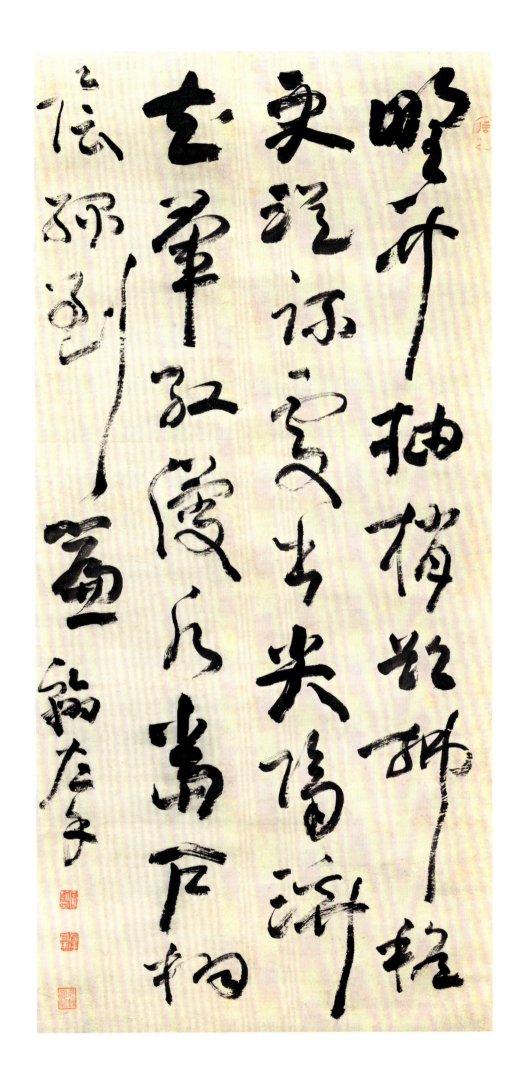

# 清汪由敦行书轴

尺寸：纵 241.3、横 58.1 厘米　　质地：纸本

汪由敦（1692~1758 年），初名汪良金，字师茗，号谨堂，又号松泉居士。安徽休宁人。雍正二年进士，改庶吉士。乾隆间，累官至吏部尚书，卒后加赠太子太师，谥文端。汪由敦学问渊深，文辞雅正，兼工书法。著有《松泉集》。

此节录《宣和画谱》关于胡环的相关记载，文曰："胡环，范阳人。工画蕃马，虽繁富细巧，而用笔清劲。凡穹庐、器物、射猎之具，形容殆尽。每画驼马、骔尾、人衣、毳褐，必以狼毫疏染，取其纤健，亦善于体物者也。"款识"癸丑仲夏，瀼西汪由敦书"。钤印"汪由敦印"（白文）、"师茗"（朱文）。

作品既表现出馆阁体书法点画工稳、典雅的艺术风尚，有融入晋、唐行书笔意，给人端庄大方之感。

（宋松）

胡瓌范陽人工畫蕃馬雛繁富細巧而用筆清勁兀窮盧
花物尉獵之具形容殆盡每畫駝馬驟尾人衣毛毳
褐必以狼毫家跣染取其纖健以善於體物者也
癸丑仲夏襄溪汪由敦書

# 清梁诗正行书鲍昭《飞白书势》轴

尺寸：纵 171.6、横 73 厘米　　质地：纸本

梁诗正（1697~1763年），字养仲，号芗林，又号文濂子。钱塘（今浙江杭州）人。雍正八年探花，官至东阁大学士，卒谥文庄。善书法，著有《矢音集》。清人王昶在《春融堂集》中记梁诗正书事："公常言，往在上书房为高宗作擘窠大字，适宪皇驾至，诸臣鹄立以俟，宪皇命作书，墨渍於袖，又命高宗拽之。"

此幅书南朝宋诗人鲍照《飞白书势铭》，与原文略有出入，文曰："秋毫精劲，霜素凝鲜。沾此瑶波，染彼松烟。超出八法，尽奇六文。鸟企龙跃，珠解泉分。轻如游雾，飘若行云。绝峰剑摧，惊势矢飞。差池燕起，振迅鸿归。圭角星芒，明丽烂逸。丝萦发垂，平理端密。盈尺锦两，片字金镒。故仙芝既匪足双，虫虎（琐碎），又安能匹。君子品之，是最神笔。"款识"鲍明远飞白书势铭，梁诗正书"。钤印"诗正"（白文）、"芗林"（白文）。

梁诗正书法初学柳公权，后参以赵孟頫、文徵明，晚年师法颜真卿、李邕。此作笔画伸展，骨力矫健，结字严紧，得雍容俊拔之态。

（宋松）

秋豪精勁雷奔霆絕鮮露此猗捻波染被松煙招出八法畫奇六文鳥合龍躍珠循泉分輕如游霧飄若行雲跑峰剑摧雲勢矢飛龜池鶩机振迸鴻歸畫角星芒明觇爛逸絲縈發毫平理端密亄不錄蚯仙芝阮函見雙鎭屏又安能匹見子品之是

宕神筆

蛇明遠飛白書勢銘

梁詩正書

# 清刘统勋行书节临李邕《婆罗树碑记》轴

尺寸：纵 171.1、横 51.5 厘米　　质地：纸本

　　刘统勋（1698~1773 年），字延清，号尔钝。山东诸城（今山东高密）人。雍正二年（1724 年）中进士，历任刑部尚书、工部尚书、吏部尚书、内阁大学士、翰林院掌院学士及军机大臣等要职。刘统勋为政四十余载，清廉正直，敢于直谏，在吏治、军事、治河等方面均有显著政绩。乾隆三十八年（1773 年）卒逝于上朝途中，乾隆皇帝闻讯慨叹失去股肱之臣，追授太傅，谥号文正。著有《文正公诗集》。

　　作品内容节选临摹李邕的《婆罗树碑记》，释文："婆娑十亩，映蔚千人，密幄足以缀飞飙，高盖足以却流景，恶禽翔而不集，好鸟止而不巢。释迦荫首，群生立缘。"款识"永叔贤甥属临，刘统勋"。钤印"刘统勋印"（白文）、"延清"（朱文）、"清爱堂章"（引首朱文）、"养斋珍藏"（白文）、"纫秋真赏"（白文）。

　　此幅临摹作品师法二王，笔力舒展遒劲，笔法灵活，圆劲清秀，结体疏落有致，修短合度，章法潇洒流畅。作品整体清雅灵动，在一些细节用笔上细腻精到，是深具刘统勋书法特点的佳作。

（孙纬陶）

婆婆十餘睡瞬蔚千人妥帖且以樂筑雕
高善且以卻沫爲氣兼氣物一句不亦家好
鸞正而不業釋迦薩呂摩生豆餘
永丼賢錫手勝

劉墦墦

# 清钱维城行书节录王勃《九成宫东台山池赋》轴

尺寸：纵 151.7、横 62.2 厘米　　质地：绢本

　　钱维城（1720~1772 年），清朝官吏、画家。初名辛来，字宗磐，一字幼安，号纫庵、茶山，晚号稼轩。江苏武进人。乾隆十年状元，官至刑部侍郎，谥文敏。书法苏轼，初从陈书学画写意折枝花果，后学山水，经董邦达指导，遂成名手，供奉内廷，为画苑领袖。曾随乾隆帝在木兰围场狩猎，帝以神枪殪虎，命维城绘图刻石纪事。著有《茶山集》。

　　作品内容为唐代文学家王勃创作的辞赋名篇《九成宫东台山池赋》，文曰："仰瞻赪峤，俯窥黛壑。复嶂烟回，攒溪雾错。伟沉用之兼资，想神功之可作。规叠岫于盘龙，引飞泉于挂鹤。覆箦而萦岩磴，浮芥而环洲崿。采拳石于瑶滨，搴纤珠于绮薄。萍徙楚江之蒂，花转崐墟之萼。岩蕴玉而鸿惊，浦合珠而星落。美仁智之同归，信高深之纵讬，若乃岭分鸡秀，波连凤液。花鸟萦红，苹鱼漾碧。在林薮而同欢，望江湖以齐适。峰深夜久，潭静秋新。荷抽水盖，薜引山茵。雪芝献液，露菊倾津。"款识"钱维城敬书"。钤印"臣钱维城"（白文）、"敬书"（朱文）。

　　此幅作品有苏轼笔意，落笔沉稳，笔画舒展，娟秀温润，妩媚天真；结字自然随性，疏密有致；章法行距字距不甚分明，散散落落，丰满而不拥塞，和谐统一。

（孙纬陶）

仰瞻赖嶕俯窺俨壑複嶂烟迴攒黛霭錯伟况用之匪

資想神功之可作欤臺岫于蟠龍引飛泉于挂鶴震簧而

縈巖磴浮苔而瓊洲岇采拳石于瑶濱峯鐵珠于綺

薄洋德梦江之蔕花耦岷塘之莘卤薀玉而鴻驚浦

含珠而星落美仁智之同歸信高深之維託岜乃嶺

分雞秀波連鳳液花鳥縈紅蘋魚漾碧在林藪而同

鑾隆江湖以齋道峯深夜久潭静秋新荷抽水盖薜

引山茵雪芝獻泫露藟倾津

錢維城敬書

# 清梁同书行书七言对联

尺寸：上联纵 127.1、横 27.2 厘米；下联纵 127、横 27.3 厘米　　质地：纸本

梁同书（1723~1815年），字元颖，号山舟，晚号不翁，90岁后又号新吾长翁。大学士梁诗正之子。浙江杭州人。清乾隆十七年（1752年）进士，官至翰林院侍讲。自幼爱好书法，12岁能为擘窠大字，初学颜、柳，中年用米芾法，直至90岁依然笔致洒脱，无苍老之气。与梁巘有"南北梁"之称。著有《频罗庵论书》《频罗庵书画跋》等。

作品内容为自改黄庭坚的七言律诗，上联"万卷藏书宜子弟"，下联"廿年种树长风云"。款识"山舟梁同书"。钤印"梁同书印"（白文）、"舟山"（白文）、"怀晋楼"（朱文）。

此幅作品有颜真卿、米芾笔意，用墨饱满，结字生动，笔法灵动，章法穿插开合节奏分明，整体给人自然随性之感。

（孙纬陶）

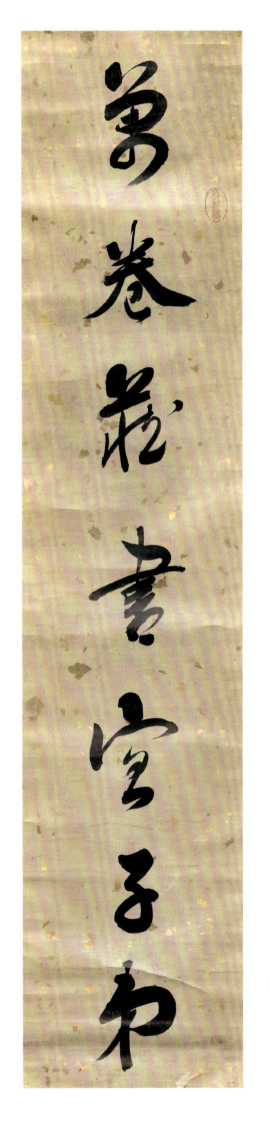

万卷藏书宜子弟

世年稽格长风云

山舟梁同书

# 清王文治行书七言诗轴

尺寸：纵99、横36.8厘米　　质地：纸本

王文治（1730~1802年），字禹卿，号梦楼。江苏丹徒人。乾隆二十五年进士，授编修、擢侍读，官至云南临安知府。罢归，无意仕途，即倾心佛学。著有《梦楼诗集》《快雨堂题跋》。清代书法家、诗人。书宗二王，得董其昌神髓，早年受笪重光影响，中年以后改习张即之。书法喜用淡墨，潇疏秀逸，时称"淡墨探花"。

作品书七言诗一首："好古如君世所稀，临池终日阖双扉。晴斋一展千金帖，时有墨香来袭衣。"款识"汪心农绘试砚斋为图舟索题一首，文治"。钤印"王文治印"（白文）、"曾经沧海"（白文），引首"柿叶心房"（朱文）、"鲍氏青箱旧物"（朱文）、"养斋珍藏"（朱文）、"味翁审定真迹"（朱文）。

作品线条爽逸，行笔流畅，多出锋起笔，提按变化丰富，转折自如，萦带之处如春蚕吐丝，柔润飘逸。主笔挺拔，侧笔舒展，字型偏长，秀丽而富动感。作品整体妩媚匀静，墨韵轻淡，疏朗空灵，气格风神极其婉美。

（张忠诚）

好古如君世所稀，临池日课羲献帖，绘事砚斋一展千重。搿有墨香来龙袭衣。

绘武砚斋画图居士索题一首　文治

汪心农

# 清翁方纲行书临米芾《李太师帖》轴

尺寸：纵 140、横 59.2 厘米　　质地：绢本

　　翁方纲（1733~1818 年），清代书法家、金石学家、诗人。字正三，号覃溪，晚号苏斋。直隶大兴（今属北京）人。乾隆进士。官至内阁学士，左迁鸿胪寺卿。工书法，正楷学欧阳询、虞世南，法度谨严，亦善隶书、行草。又精金石考订。其诗宗江西派，倡"肌理说"。著有《两汉金石记》《复初斋诗集》《复初斋文集》《石洲诗话》。

　　作品内容为临摹米芾的《李太师帖》，释文："李太师收晋贤十四帖。武帝、王戎书若篆籀，谢安格在子敬上。真宜批帖尾也。"款识"覃溪翁方纲"。钤印"翁方纲印"（白文）、"覃溪"（朱文）、"困人天气日初长"（朱文）。

　　此幅作品笔势自然流畅，迅疾劲健，雄浑厚重；结字自然洒脱，粗细疏密搭配和谐；与米芾原作那种飘逸洒脱、骏快飞扬的感觉相比，多了一份厚重和沉稳，突出了翁方纲个人的书法特点。

（孙纬陶）

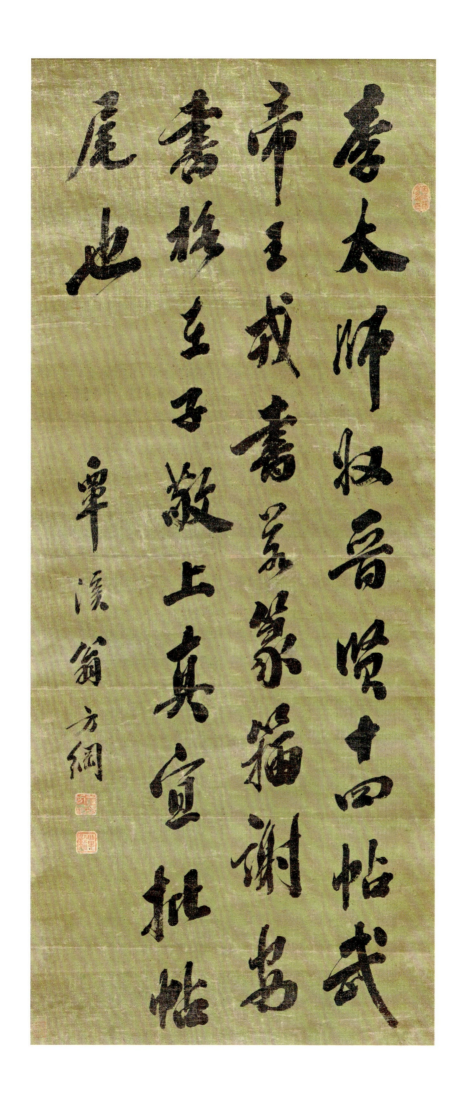

唐太師叔晉賏十四帖武
帝王戎書蒙篆謝安
書修主子敬上真宜批帖
尾也

覃溪翁方綱

# 清刘墉行书马祖常《城南》诗轴

尺寸：纵126.8、横44.4厘米　　质地：纸本

　　刘墉（1719～1805年），字崇如，号石庵。祖籍安徽砀山，生于山东诸城。乾隆十六（1751年）年进士，历任翰林院庶吉士，安徽、江苏学政，太原、江宁知府，湖南巡抚，督查院左都御史、直隶总督、吏部尚书、内阁学士、体仁阁大学士等职。书法初学董、赵，后学颜真卿、苏轼，融汇晋唐。其作品貌丰骨劲，绵里藏针，墨色浓厚，整肃沉静，自成风貌，是清代的帖学大家。与翁方纲、铁保、成亲王并誉为清代四大书家。因其笔墨浓重，有"浓墨宰相"之称。

　　刘墉行书马祖常《南城》诗，写于绿色洒金笺上："城南牡丹一百本，翰林学士走马来。渡水杨花逐飞燕，蓟中芳草送春回。"款识"己未七月，久安室书，石庵"。钤印"刘墉印信"（朱文）、"石庵"（白文），引首"御赐仙舫"（朱白文结合），鉴藏印"栖霞山人张氏珍藏"（朱文）、"桐冈真赏"（白文）。己未年应该是嘉庆四年（1799年），刘墉时年八十岁，是刘墉晚年的作品。刘墉晚年作书，气息愈加平淡，求一"静"字。其书墨色浓厚，健笔缓行，锋藏气蕴，气息匀静。结字厚重而章法散淡，字与字间无相互牵引连带，静逸之气从字里行间透出。作品整体气势平稳、沉寂静远，而单字的结体变化精彩纷呈，意趣盎然，静中寓动，平中求奇，于风神严整中见生动灵活，端庄整肃而体态多姿，展现出刘墉书法的独特艺术魅力。

（张忠诚）

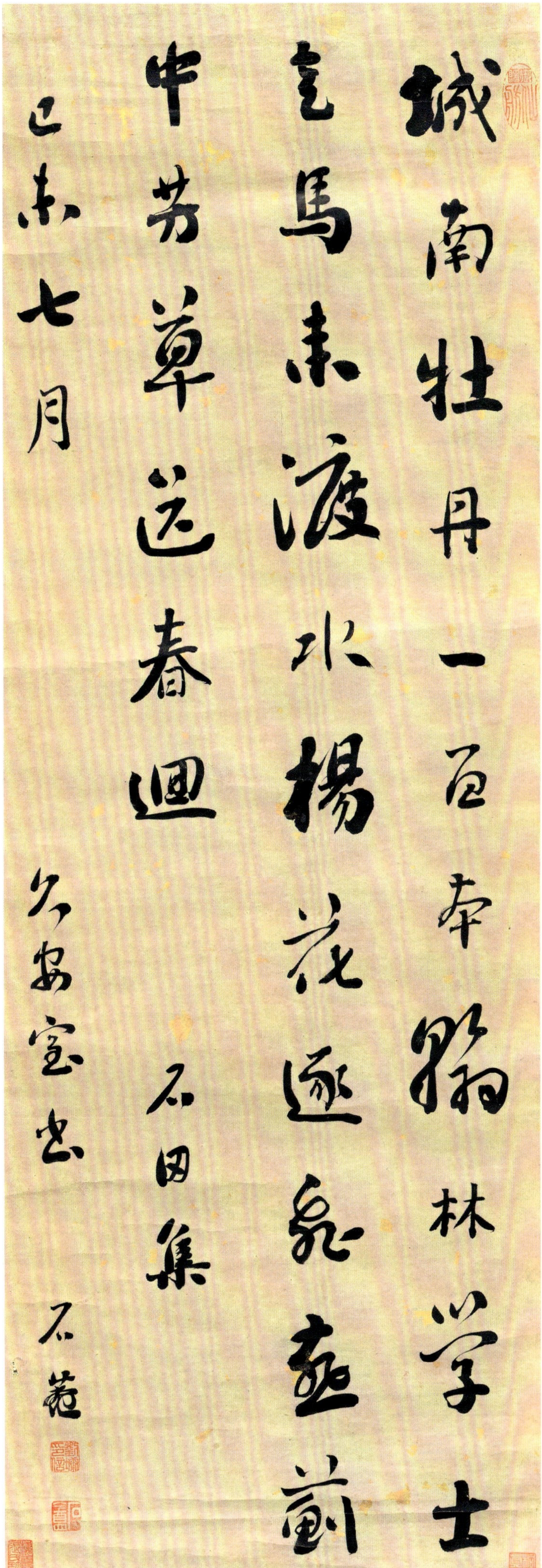
城南牡丹一百本翰林学士
走马来渡水杨花
中芳草送春回
石田集
己未七月
久安室书
石菴

# 清铁保行书节录董其昌《画禅室随笔》轴

尺寸：纵 83.5、横 40.1 厘米　　质地：纸本

　　铁保（1752~1824年），字冶亭，号梅庵，又号铁卿。满族正黄旗人。清乾隆三十七年（1772年）进士。嘉庆年间官至两江总督、吏部尚书。多次因事遣戍，道光初年以三品卿衔致仕。擅诗，少时即与百龄、法式善称三才子。工书画，楷书宗法颜真卿，行草书宗法二王、怀素、孙过庭，时人谓其书与刘墉、翁方纲、成亲王永瑆并驾，为"乾隆四大家"之一。尝刻《惟清斋帖》为士林所重。著有《惟清斋全集》《白山诗介》《淮上题襟》等书。

　　此幅作品内容节选自明末董其昌的《画禅室随笔》，释文："东坡云：诗至于子美，书至于鲁公。非虚语也。颜书惟蔡明远序，尤为沉古，米海岳一生不能仿佛。"款识"戊辰人日，铁保"。钤印"梅庵铁保"（朱文）、"三江总制"（白文）。

　　铁保的书法以楷书为工，长于行草。他初学赵子昂，后学董其昌，楷书学颜真卿，草书师法二王，旁及怀素，孙过庭等人，更加推崇和师法张旭。他遍临晋唐名家法帖，形成了自己独特的书法风貌。此幅作品自然流畅，遒劲飘逸，犹如仙女散花，翩翩而来，笔法精到，结体舒张随性，章法散逸松灵。作于铁保任两江总督期间，体现了铁保艺术巅峰时期的作品面貌。

（孙纬陶）

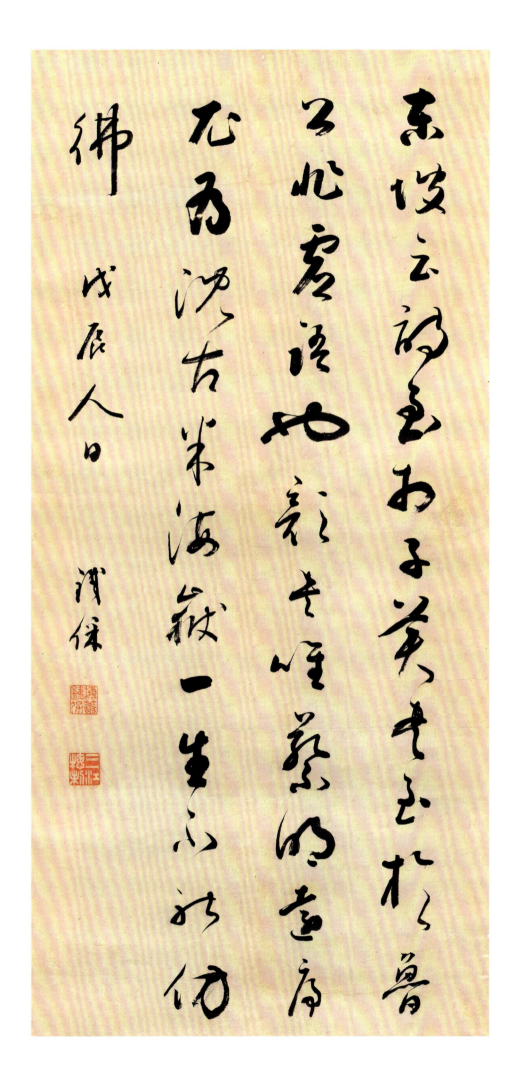

東坡云飽吃惠州飯細和淵明詩彭澤千載人東坡百世士出處雖不同風味乃相似此老胸次蓋自有正見非特風味也

戊辰人日　湘緣

# 清伊秉绶行书录老子《道德经》语轴

尺寸：纵 98.5、横 40.1 厘米　　质地：纸本

　　伊秉绶（1753~1815 年），字组似，号墨卿。福建宁化人。清代中期著名书法家。清乾隆五十四年（1789 年）进士，授刑部主事，迁员外郎。又曾官惠州、扬州知府，在任期间颇有政声。工诗，善画墨梅，尤以擅书名于时，书工楷、行，以隶书最负盛名，位列乾嘉八隶之首。伊秉绶与邓石如的活动时间大致相同，评者谓其与完白山人共为有清一代碑学之鼻祖。著有《留春草堂诗钞》《墨庵集锦》等书行世。《清史稿》有传。

　　此幅作品内容节录自老子《道德经》，释文："至善若水，水能利万物而不争。"款识"嘉庆乙亥春正月，伊秉绶"。钤印"臣伊秉绶"（白文）、"六十后书"（朱文），启首"田湖长"（白文），鉴藏"退一步想海阔天空"（白文）。

　　伊秉绶将颜体及隶书冶为一炉，融合了《张迁碑》等汉隶名碑的特点，其隶书刚劲无拗、质朴雄健，独树一帜，是中国书法史上影响深远的隶书大家。此幅作品用笔劲健爽朗，线条光洁流畅，颇具新意，是其典型的隶书和行书结合的代表作。

（孙纬陶）

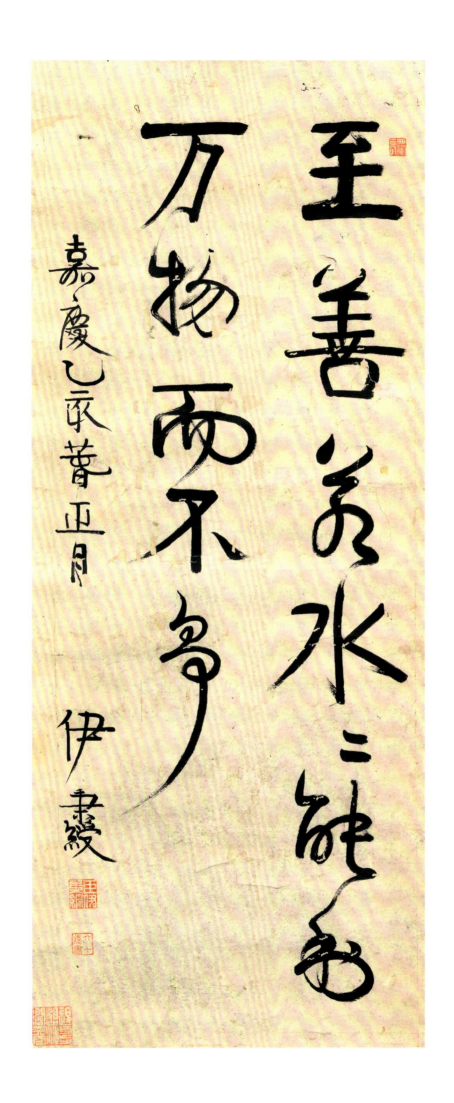

至善若水，純<br>
萬物而不爭

嘉慶乙亥菁正月

伊秉綬

# 清董诰行书论王蒙山水轴

尺寸：纵 164.8、横 70.3 厘米　质地：绢本

董诰（1740~1818 年），字雅伦，号蔗林。清浙江富阳人。董邦达长子。乾隆二十八年（1763年）进士，官至内阁学士，充四库馆副总裁。甚得高宗、仁宗宠遇。朝廷编修，多有由其主持者。善画。谥文恭。著有《满洲源流考》《高宗实录》等。

这幅行书为评论王蒙山水画的一段书画题跋。全文曰："黄鹤山樵精于绘事，为古今独步。故此卷不越寻丈，而山川掩映，溪谷萦纡，林木森茂，屋宇参差，俨然有千里绵延之势。且用笔遒媚，神彩（采）烂然，尤为平生合作。后于携李项氏，又见数幅，皆不及也。"款识"傅岩老先生清鉴，柘林弟董诰"。钤印"董诰"（白文）、"蔗林"（朱文）。

此幅作品墨色厚重，结字秀丽，笔势浑厚，字体整齐、端庄，法度井然，书风温雅敦厚，深受其父董邦达及宫廷书法的影响。

（孙纬陶）

黄鶴山樵精於繪事為古今獨步故此
卷不越尋丈而山川掩暎溪谷縈行林
木森邃屋宇參差儀然有千里綿延
之勢且用筆道媚神彩爛然尤為平生
合作後於攜李項氏又見數幅皆不及也

傅嚴老先生清鑒

柘林弟董誥

# 清张问陶行书王士禛《蠡勺亭观海》诗轴

尺寸：纵 166.2、横 53 厘米　　质地：纸本

张问陶（1764~1814 年），字仲冶，号船山，又号蜀山老猿、老船。四川遂宁人。清乾隆五十五年（1790 年）进士，历任江南道御史、吏部郎中、山东莱州知府，后以病辞，侨寓苏州。工诗，为清代蜀中诗人之冠。擅书法，其书放逸险劲，近米芾。画亦佳，风格近徐渭。著有《船山诗集》。

此幅行书作品的内容为其自作诗《蠡勺亭观海》，释文："到海心无际，人天太渺茫。波涛原有岸，雪物彼何方。岛近神仙小，龙多雨露长。麻姑真狡狯，游戏说沧桑。"款识"蠡勺亭观海，船山张问陶"。钤印"船山"（朱文）、"张问陶印"（白文）。

张问陶的书法学习米芾，险劲放野，别具一格。此幅作品笔意沉郁而又空灵，骨力蕴含笔画之中，笔墨抒情趣味十足。跌宕起伏，笔断意连而又沉着厚重，为张氏得力之作。

（孙纬陶）

劈海八無際人天太渺茫波濤原
雪坏雲物彼行方島近神仙小就多
雨露長麻姑真覺猶游戲說滄桑

別號句子觀海

船山張問陶

# 清翟云升隶书节录《文心雕龙》语轴

尺寸：纵 139.9、横 64.2 厘米　　质地：纸本

　　翟云升（1776~1858 年），字舜堂，号文泉。掖城东南隅村（今莱州市莱州镇东南隅村）人。清代中后期古文字学家、书法家。嘉庆五年（1800 年）举人，道光二年（1822 年）进士。其性情淡泊，无意仕途，深居简出，专心治学。翟云升文字学研究和书法方面，受其师曲阜桂馥影响甚大，其隶书以汉碑为渊源，有些方面借鉴唐隶，有醇古朴茂、点画敦实、结构严谨开朗之风。著作有《说文辨异》《说文形声后案》《五经岁遍斋集》等。

　　此幅翟云升的隶书作品，文字内容摘录《文心雕龙》句："历鉴前作，能执厥中，其致义会文，斐然馀巧。"款识"乙酉仲春书似滋畹大兄大人清品，翟云升"。钤印"文泉"（朱文）、"翟云升印"（朱白文结合）。文字结体方正端庄，笔画平实凝练，笔画多者变化丰富，线条粗细结合，结字优美；笔画少者字形粗壮，点画厚实。横竖笔画起笔藏锋，多呈圆笔，收笔简洁，多呈方笔，笔画平实。撇画斜出，收笔逆挑，笔势连贯，捺笔浑厚扎实，粗壮劲拔。转笔、折笔多有明显的折角外露，求其方整之势。部分笔画以枯笔收，末端有飞白，苍涩而富有金石气息，或飞白间写成断笔，有跳跃灵动之感。字中之"点"极具情趣，轻巧灵便，笔法丰富，各具形态，或方或圆、或苍或润、或实或虚、或沉或逸，打破笔画平实方正的沉闷感，是调节板实粗厚的一种有效方法，于平实中少得佳趣。这是作者五十岁的作品，端庄平正，整肃大方，劲拔爽健，凝重厚实。

（张忠诚）

庭鑒前佐嚴毅廉斐
中異致義會文
然餘巧

乙酉仲春書似
滋畹大兄大人清屬
翟云升

# 清陈鸿寿隶书对联

尺寸：上联纵 125.1、横 27.6 厘米；下联纵 124.9、横 27.5 厘米    质地：纸本

　　陈鸿寿（1768~1822 年），字子恭，号曼生、曼龚、曼公、恭寿、翼盦、种榆仙吏、种榆仙客、夹谷亭长、老曼等。钱塘（今浙江杭州）人。曾任溧阳知县、江南海防同知。工诗文、书画、篆刻，善制宜兴紫砂壶，人称其壶为曼生壶，为西泠八家之一。

　　此幅作品释文：“文质彪缤，心气和平。”款识“陈鸿寿”。钤印“陈鸿寿印”（白文）、“曼生”（白文）。

　　陈鸿寿篆刻出入秦汉，绘画精于山水、花卉，书法以以隶书和行书最为知名。此幅对联采用了篆隶结合的形式，将两种完全不同的书体进行搭配组合，气息高古，结体奇异，整肃大气，厚重灵活，整体感觉非常和谐。

（孙纬陶）

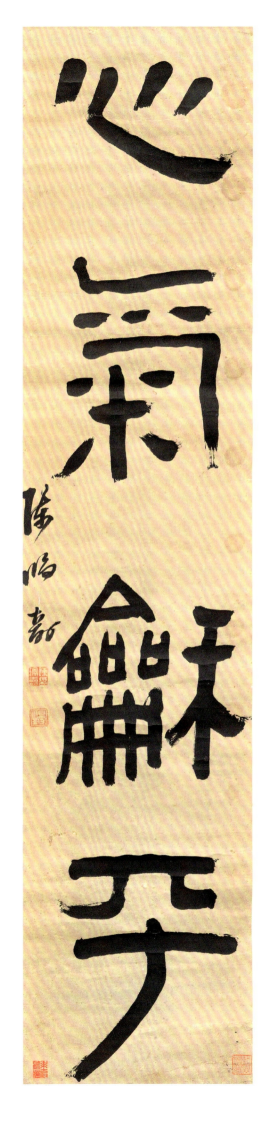

文質彬彬

心氣和平

陸恢

207

# 清吴熙载篆书节录李白《与韩荆州书》四条屏

尺寸：纵137.5、横34.5厘米　　质地：纸本

吴熙载（1799~1870年），初名廷飏，字熙载，以字行，因避同治皇帝讳更字让之，号晚学居士。江苏仪征人。诸生，为包世臣弟子，博学工诗，精于金石考证之学，擅篆刻。书善各体，行楷书学其师包世臣，篆、分功力尤深，在书坛有一定的影响。

此幅作品内容节选自唐代李白的《与韩荆州书》，释文："白每观其衔恩抚躬，忠义奋发。白以此感激，知君侯推赤心于诸贤之腹中，所以不归他人之，而愿委身国士。倘急难有用，敢效危躯。且人非尧舜，谁能尽善？白谟猷筹画，安能自矜？至于制作，积成卷轴，则欲尘秽视听。恐雕虫小技，不合大人。若赐观刍荛，请给纸笔。"款识"真州吴让之"。钤印"吴廷飏印"（白文）、"熙载"（朱文）。

吴熙载师承包世臣，篆书取法邓石如，他的篆书汲取了邓石如端庄、浑厚的风格。此幅篆书作品劲拔舒展，柔中带刚，法度严谨，行书款识得包世臣笔意，是吴熙载篆书风格的典型代表。

（孙纬陶）

忠船牗恩塗舜觀老白
知瀚歲以改白發奮義
　也未雞孫君

久他歸不改所中韓
士國負惠顙用而
難猶危散永
且
米

于道輪自泉寒書菊
誠謹義白盡能雖舜堯
橫化

# 清何绍基行书朱彝尊《鸳鸯湖棹歌》诗轴

尺寸：纵 129.4、横 34.8 厘米　　质地：纸本

何绍基（1799~1873 年），字子贞，号东洲，晚号蝯叟。道州（今湖南道县）人。承家学，少有名。清道光十六年（1836 年）进士，授编修，充武英殿国史馆协修、总纂。先后任福建、贵州、广东乡试考官，四川学政。后执教于山东泺源、湖南长沙等地书院。博学多才。书法师颜真卿，上溯周、秦、汉古篆籀及南北朝碑版，真、行书面目独特，意趣高古；篆、隶二体浑厚古拙，自成体势。著有《惜道味斋经说》《说文段注驳正》《东洲草堂金石跋》《东洲诗文集》等。《清史稿》有传。

此幅作品内容为清代诗人朱彝尊的诗《鸳鸯湖棹歌之七》，释文："百尺红楼四面窗，石梁一道锁晴江。自从湖有鸳鸯目，水鸟飞来定是双。"款识"癸丑嘉平，子贞何绍基"。钤印"何绍基印"（朱文）、"子贞"（白文）。

何绍基是清代书法界的中流砥柱，熔古人各体书于一炉，其行草风格随意流美，崇尚古拙质朴。此件作品用笔灵活洒脱，笔画粗细对比强烈，粗者如浑圆巨石，细者如游丝潜龙，增加了视觉冲击力。颤笔运用大胆，使得单字看上去更加自然天成。此幅作品整体透露出极强的艺术表现力，是其行书中的上乘佳作。

（孙纬陶）

頁天紅樹四面宮石梁一道鎖
晴紅自泛湖青寫疊鳶目水鳥
來穿見

癸丑嘉平子安行修書

211

# 清赵之谦篆书黄帝世系轴

尺寸：纵 128、横 53.8 厘米　　质地：纸本

赵之谦（1829~1884 年），字益甫，号㧑叔，别号悲庵等。浙江绍兴人。清咸丰年间举人，曾历任江西鄱阳、奉新知县。精书画、篆刻，并工于金石之学，著有《六朝别字》《补寰宇访碑录》等书。其书初宗颜真卿，后专意于北碑，篆隶师邓石如，又融化入己法，自成一家。时人评云："㧑叔书初师颜平原，后深明包氏钩捺抵送万毫齐力之法，篆隶楷行一以贯之，故其书姿态百出，亦为时所推重，实乃邓派之三变也。"赵之谦是"海派"先驱之一，其书画不仅名重于时，而且对近现代艺坛也有着极大的影响。

篆书释文："黄帝多所改作，造兵井田，制衣裳，立宫宅。帝颛顼高阳者，黄帝之孙，而昌意之子，佶（佶误佶）黄帝曾孙。"款识"殿臣仁兄大人属，㧑叔弟赵之谦"。钤印"赵之谦印"（白文）。

赵之谦在书法上的最大贡献、最大特色，在于将魏碑笔法注入笔端，楷、隶、篆乃至行草书莫不彰显出纯正而浓厚的魏碑基因。赵之谦虽不是碑学的开创者，却是碑学之集大成者。此幅作品笔力雄强而有厚度，在结构上方正茂密，方中呈圆，刚中有柔，富有弹性感，力足中锋，是其篆书作品的典型代表。

（孙纬陶）

蘅圃仁兄大人属篆此

赵之谦 借误

# 清王懿荣篆书轴

尺寸：纵 152.6、横 47.5 厘米　　质地：纸本

　　王懿荣（1845~1900 年），字正孺，一字廉生。山东福山人。中国近代金石学家、书法家、民族英雄，甲骨文发现第一人。光绪六年（1880 年）进士，官翰林院编修、南书房行走、国子监祭酒、京师团练大臣等。光绪二十六年（1900 年）八国联军攻入北京，王懿荣受命率团奋勇抵抗，兵败后偕夫人与长媳投井殉节，谥号"文敏"。

　　王懿荣擅书法，楷、行、隶、篆皆精。此篆书"戬榖"大字，款"光绪己亥正月元日直庐花衣懿荣篆"。"戬榖"一词出自《诗经·小雅》，乃吉祥语"福禄"之意。钤印"王懿荣印"（白文）、"翰林供奉"（朱文）。此作品单字逾尺，线条均匀统一，笔质朴拙，既有石鼓文的深厚凝重，又具小篆的婉转舒展，是王懿荣大字篆书翘楚。

（宋松）

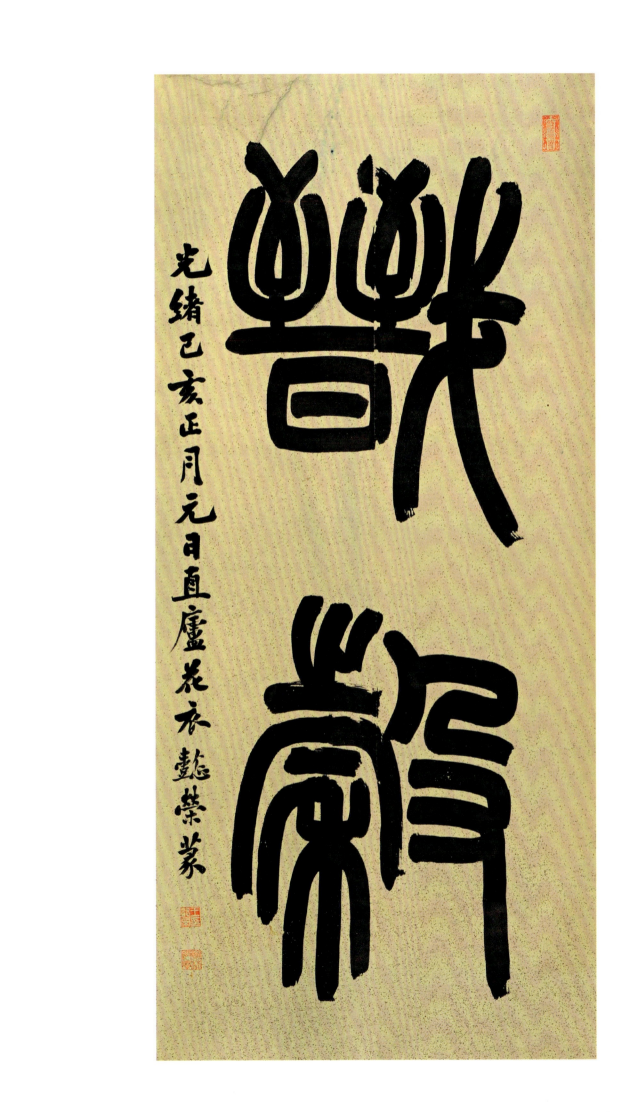

光緒己亥正月元日直廬花衣襲榮篆

215

# 清谢隽杭行书夏元鼎《绝句》诗轴

尺寸：纵 131.2、横 62.2 厘米　　质地：纸本

　　谢隽杭（1841~1916 年），字澹卿，号南川。山东福山县（今烟台市福山区）下乔村人。光绪六年（1880 年）与同乡王懿荣、王乘燊同为庚辰科进士，又同入翰林院。光绪九年（1883 年）授记名御史。光绪十一年（1885 年）任湖南乡试副考官。光绪十五年（1889 年）任山西乡试主考官。后任湖广道、福建道监察御史和东城、西城巡视。1897 年（光绪二十三年）补授云南曲靖府知府时，为官清廉，兴利除弊，百姓为其修建生祠。擅文学、工书法，有遗著问世。

　　作品内容为南宋诗人夏元鼎的《绝句》，诗曰："崆峒访道至湘湖，万卷诗书看转愚。踏破铁鞋无觅处，得来全不费工夫。"款识"浦生三弟姻大人属，谢隽杭"。钤印"谢隽杭印"（白文）、"南川"（朱文）。

　　此幅作品师法苏轼，用墨肥厚，字字丰润；结体舒张自然，姿态奇逸；章法清空灵透，张弛有度，是谢隽杭书法难得的佳品。

（孙纬陶）

嶒峒訪道玉泓湖萋卷詩

書香替云踏破鐵鞋無覓

處得來全不費工夫

補生三兄烟大人屬

謝真枕

# 清王垿行书苏东坡诗轴

尺寸：纵 136.2、横 67 厘米　　质地：纸本

　　王垿（1857~1933 年），字爵生、觉生，号杏村、杏坊，晚号昌阳寄叟。山东莱阳蚬子湾人。翰林王兰升次子。光绪己卯（1879 年）举人，光绪己丑（1889 年）进士，授检讨。历任国史馆协修，文渊阁校理，翰林院侍讲学士，国子监祭酒，内阁学士兼礼部侍郎等职。王垿少时诗文书法得其父亲授，后拜状元潍县曹鸿勋为师，其隶书得力于《乙瑛碑》《史晨碑》，行楷书宗法欧阳询、虞世南、颜真卿。融会汉唐，形成雅俗共赏、方正平和的正行书。20 世纪京城流传有"有匾皆垿书，无腔不学谭"的美名。

　　作品书苏东坡诗一首："火冷饧稀杏粥稠，青裙缟袂饷田头。大夫行役家人怨，应羡居乡马少游。"钤印"王垿私印"（白文）、"爵生"（朱文）。作品线条外柔内刚，笔致圆融冲和，有遒丽之气，清穆端庄而不失浑厚雄健。其用笔稳健，气贯笔端，平和而丰实。字中之点浑厚凝重，如高空坠石，部分短横亦作点法，横斜饱满，精炼宽绰，凝神聚气。长横起笔多以切锋直入为主，落笔较方，收笔回锋为圆，行笔中段向上略有弧度，挺拔舒展，用笔内含隶法。折笔圆劲，刚柔并济，不露圭角，有明显的颜书风骨。部分撇画收笔呈方形，笔墨运行间戛然而止，干净利落，颇有特色。竖画细秀劲爽，捺画宽博遒劲。其点画饱满，雄强而精气不懈，内蕴骨力，行笔稳健而少萦带牵连，字字独立而气息不断，注重点画质量。字距行距疏落，呈散点式布局，单字粗细变化丰富，结构紧凑，字形端庄秀美，如珠落玉盘，清逸静穆。此作是王垿中年作品，有颜氏雄强浑厚之姿容，笔健力足。其晚年定居青岛，书风趋向清劲秀拔，结体长方而规整，秀丽清隽。

（张忠诚）

大冷餳稀杏粥稠青
裙縞袂餉田頭大夫行
段家人怨應居鄉馬少
游羨

東坡詩　王偉

## 孙文楷书横幅

尺寸：纵 51、横 151 厘米　　质地：纸本

　　1912 年 8 月，孙中山由上海去北京与袁世凯商讨内政。8 月 20 日抵烟台，官商各界集会欢迎。是日，参观张裕葡萄酒公司，亲笔题赠"品重醴泉"。8 月 21 日在烟台商会发表"欲兴商业，必从制造业下手"的讲演，内云："中国商业失败，不止烟台一埠，凡属通商口岸，利权外溢，到处皆至，为今之计，欲商业兴旺，必从制造业下手，如本埠张裕公司设一大造酒厂，制造葡萄酒，其工业不亚于法国之大，将来必可获利。"张裕葡萄酿酒公司系 1892 年由张弼士创建，是中国最早的葡萄酿酒公司，其产品在 1915 年巴拿马国际博览会获金质奖。

　　作品横写"品重醴泉"，楷书，字高 26.5 厘米、宽 23 厘米上款"题赠张裕公司"，下款"孙文"，"孙文之印"阴文方章。题赠"品重醴泉"，反映了孙中山对振兴民族工业的重视。1982 年 5 月田桓（孙中山的秘书）鉴定："该件运笔周至，不仅真迹，更属孙公精品，署款所用'孙文之印'，审系胡汉民之兄胡义生刊刻，诚为难得。"1978 年，烟台张裕公司将原件转赠给烟台市博物馆收藏。

（王晓妮）

# 丁佛言金文临召尊铭文轴

尺寸：纵 148.5、横 40.2 厘米　　质地：纸本

　　丁佛言（1878~1931年），名世峄，初字桐生、息斋、芙缘，字佛言，号迈钝，别号黄人、松游庵主、还仓室主。山东黄县（今山东省龙口市）人。早年投身旧民主主义革命，历任中华民国参议院议员、中华民国宪法起草委员会委员长、中华民国总统府秘书长。1923 年隐退，1925 年任故宫博物院古物审查委员会委员，1928 年后寓居北平，以卖字为生。1930 年任国民大学文字学教授。丁佛言精研金石文字，所得龟甲、彝鼎、泉玺、陶玉等，拓片不下七八千种，潜心研究，造诣极深。著有《说文古籀补补》《续字说》《说文扶微》《还仓室述林》《古玺初释》《古陶初释》《说文部首启明》等。丁佛言醉心书法篆刻，他精于甲骨文、金文、小篆等书体，兼习隶书、楷书、章草、行草各体，是继清末杨沂孙、吴大澂、吴昌硕之后的又一位篆书大家。

　　此件是丁佛言拟西周彝器铭文的书法作品，从款识可知，末代皇帝溥仪的老师陈宝琛撰有《澄秋馆吉金图》二卷，此铭文即书中所录召尊拓片。释文："唯十又二月初吉丁卯，召启进事，旋走事皇辟君，休王自毅事赏毕土方五十里，召弗敢忘王休异。"款识"清室陈太保澄秋馆藏召尊，芸初贤姪孙属。丁卯初冬，佛言"。钤印"还仓室"（朱文）。此书古雅端庄，圆浑朗劲，笔力沉着。部分文字竖画加厚，下横粗厚而两端上挑，这是西周早期钟鼎文的特点，古朴而带有装饰性。在丁佛言的笔下，这些特点表现的自然和谐而无做作之痕，意趣生动。其用笔起笔圆浑，收笔苍涩，力不虚发，神完气足，一笔见枯润，可验证其所说以浓墨、硬毫、粗纸作书的效果，尽显雄厚之本色，也展现出其"笔底金刚杵"的功力。作品表现出凝重古貌的金石韵味和古文字结体奇伟、象形的神趣，沉静素雅，古穆醇厚。

（张忠诚）

清室陳太保澄秋館藏□尊

□初賢□孫屏川丁卯□夏□沸宸

223

# 后 记

　　为提升烟台市博物馆馆藏文物数字化保护及管理水平，推动文物保护与管理由单纯的传统模式到传统与现代科技相结合的转变。烟台市博物馆积极争取国家专项资金，在文物预防性保护、文物信息采集制作等方面加大投入，深入开展馆藏文物数字化保护项目建设，不仅利用高精度扫描设备完成了大批珍贵文物的高精度信息采集，并且在信息数据利用方面开展有益探索，取得了显著成效。实现高精度三维及二维文物数字化信息采集 1117 件／套；建成配套数字化综合管理平台；配套硬件性能大幅提升，并扩充存储空间 30 余倍。

　　本书正是在烟台市博物馆文物数字化保护项目（一期）建设成果的支持下，通过精挑细选 108 件／套珍品器物及 108 件／套珍品书画，采用图文并茂的形式，对文物历史、年代等进行详尽的介绍，力求真实、全面地向读者展示这些精品文物。

　　本书的编辑与制作，立足于学术研究的基础之上，深入挖掘和解读，坚持严肃的知识、严谨的学术的原则，实现观赏性、趣味性与学术性的统一。让观众能够从全新的视角观赏文物，文物不再仅仅是一件摆在纸上的静态图片，而能以更丰富立体的方式展现其背后的故事和历史细节，形成了新的艺术展现形式，将文物的独特魅力用另一种方式向观众呈现。

　　本书的完成离不开各级领导及有关部门的关心和指导，离不开奋战在一线的文物工作者和技术人员的辛勤劳动和耕耘。本书承载着烟台这座滨海城市的珍贵文物，彰显了烟台独特的文化气息和历史积淀，而与数字技术的紧密融合，必将为读者碰撞出一种全新的历史文化体验。

　　面向未来，烟博人将继续砥砺前行，以"守正、笃实、协作、创新"为工作理念，以"历史与艺术并重，教育与休闲同步"为发展思路，充分挖掘文物资源内涵，不断坚定文化自信，着力提升文化供给能力，向着建设全国一流博物馆的目标奋勇前进。